企业经营法则

企业经营授权原理

王继军 著

中华工商联合出版社

图书在版编目（CIP）数据

企业经营授权原理／王继军著．—北京：中华工商联合出版社，2020.10

ISBN 978 - 7 - 5158 - 2820 - 6

Ⅰ.①企⋯　Ⅱ.①王⋯　Ⅲ.①授权管理－研究　Ⅳ.①F271.5

中国版本图书馆 CIP 数据核字（2020）第 152850 号

企业经营授权原理

作　　者：王继军
出 品 人：刘　刚
责任编辑：胡小英
封面设计：子　时
版式设计：北京东方视点数据技术有限公司
责任审读：李　征
责任印制：陈德松
出版发行：中华工商联合出版社有限责任公司
印　　刷：盛大（天津）印刷有限公司
版　　次：2020 年 10 月第 1 版
印　　次：2024 年 1 月第 2 次印刷
开　　本：710mm×1020mm　1/16
字　　数：180 千字
印　　张：14
书　　号：ISBN 978 - 7 - 5158 - 2820 - 6
定　　价：68.00 元

服务热线：010 - 58301130 - 0（前台）

销售热线：010 - 58302977（网店部）

　　　　　010 - 58302166（门店部）

　　　　　010 - 58302837（馆配部、新媒体部）

　　　　　010 - 58302813（团购部）

地址邮编：北京市西城区西环广场 A 座

　　　　　19 - 20 层，100044

http://www.chgslcbs.cn

投稿热线：010 - 58302907（总编室）

投稿邮箱：1621239583@qq.com

工商联版图书

版权所有　侵权必究

凡本社图书出现印装质量问题，请与印务部联系。

联系电话：010 - 58302915

在知识经济条件下，企业之间的竞争愈演愈烈，人才成为企业的最大财富。如何充分调动员工工作的积极性和主动性，充分挖掘员工的潜力，成为管理者面临的一项重要任务。管理艺术中的授权也越来越受到众多管理者的青睐。

授权作为一种有效的管理方法，是指上级把自己的职权授予下属，使下属拥有相当的自主权和行动权。授权的本质是上级的决策权力向下级下放的过程，也是职责的再分配过程。授权是为了确保授权者与受权者之间信息和知识共享的畅通，确保职权的对等，确保受权者得到必要的技术培训。

通过授权管理，管理者将庞大的组织目标科学分解、分配，增加协调性，让团队每一个职员更有目标、更负责任、更加投入、更有创造性地工作，产生"四两拨千斤"的巨大力量和"九牛爬坡，个个出力"的协作精神。

授权能给企业领导者带来许多好处。企业管理者通过有效授权，会减少控制，削弱依从，使管理者挣脱权力的束缚，让受权者有更多的自主性，增强责任感，提高工作积极性，逐渐提升自我管理能力，从而让受权者快速成长起来。

授权能将管理者所能做的工作缩小到一个人所能掌控或驾驭的范围，如此一来，管理者在日常工作中就能全心全意去办那些重要或感兴趣的事情。

绝大多数管理者并没有专门学习过如何授权，刚开始时，人们在采取某种新行为时总会感到各种不适应。幸运的是，授权这种技能是可以人为培养的。和学习其他技能相似，首先，你要了解怎样去做，之后用心练习，直到熟练为止。

本书将协助管理者熟练授权，从而快速提高你为企业做出重大贡献的能力。本书从八个方面向企业管理者论述了授权的重要性、授权的艺术技巧及如何授权和控权的内容，理论指导和实践案例相结合，不仅具有科学性、可读性，更具有实用性，是管理者授权时必备的知识读本。

书中所有的方法、技巧以及策略都经过了实践检验，总有一些内容可以帮到你。只要反复练习这些技巧，很快别人就会认为你是一个精通授权的人了。

创造一个海洋，就会有鲸鱼成长；营造一个天空，就会有雄鹰盘旋；给下属一个发展的空间，下属就会成为企业栋梁。衡量一个管理者能力的标志之一就是他是否有一群业绩卓著的下属。做到这些，管理者便可垂拱而治，尽情享受人生，工作并快乐着！

目 录
CONTENTS

第一章
授权问题经典案例解析

> 管理者和普通人一样，不可能会分身术，要想使业绩更出色，就必须通过有效的授权让下属独当一面。管理者是否懂得授权从某种程度上讲，是衡量管理者能力的一把尺子。

第二章

不重视授权，就不懂得管理

现代社会，管理者的工作千头万绪，极为繁杂，如果每件事都事无巨细、事必躬亲，即使有三头六臂也会应接不暇，难免事与愿违。所以管理者必须学会正确授权，充分合理的授权能使管理者们不必亲力亲为，把更多的时间和精力投入到企业运营上。

第三章

现代企业管理中的授权价值

时代的发展让管理者不仅要掌握"做事"的方法，而且要学会"让人做事"的艺术，也就是授权的艺术。并非所有的授权都能够获得成功，有的授权在中途就失败了，有的授权结果不尽如人意，授权不仅是管理的一项职责，也是一门艺术。

第四章

有效授权需要技巧

真正好的管理者不一定是自己能力有多强，只要懂得信任、懂得放权、懂得珍惜，就能团结比自己更强的力量，由此提升自己。因此，管理者应不断地进行授权训练、改进自己的授权方式、提升自己的授权技巧。

第五章

授权过程中的权、责、利

对于一个管理者来说，权责分明是管理的基础，授予员工权力的同时，意味着承担更大的责任。权力和责任是对等的，很多时候管理者都忽略了授予责任的环节，以致有的员工持权自重，有的员工不敢作为，面对模糊的范围和权责，总有人觉得好处是自己的，责任是别人的，也有人认为领导没有明确的细节就是不必理会的。

第六章

授权时的难点和误区

许多管理者在没有充分了解授权的利弊之前就煞有介事地考虑授权，这其实是对工作的不负责任，很容易走入授权的误区。授权工作中有许多认识和操作上的误区，如果走入了这些误区，授权不但不会给组织带来任何好处，反而可能造成工作上的障碍。

第七章

如何规避逆向授权

上级的工作之一是授权下属去处理问题，但有时授权的上级领导却被迫去处理一些本应由下属处理的问题，使上级在某种程度上"沦落"为下属的下属，这就是反授权即逆向授权现象。

第八章

收权——授权的重要环节

> 什么时候授权、什么时候收权是一个细节问题，授权的失败往往是因为授权时机不对，弄巧成拙，造成损失。授权却没有收权，会致使权力滥用。

第一章
授权问题经典案例解析

管理者和普通人一样，不可能会分身术，要想使业绩更出色，就必须通过有效的授权让下属独当一面。管理者是否懂得授权从某种程度上讲，是衡量管理者能力的一把尺子。

案例1: "出师未捷身先死"的诸葛亮

为了说明授权的重要性，诸葛亮这个历史人物经常被一些商学院教授拿来当反面教材。

东汉末期，群雄并起，各方诸侯混战。刘备三顾茅庐，诚邀诸葛亮出山。诸葛亮深受感动，决心辅佐刘备成就霸业。在辅佐刘备期间，足智多谋的诸葛亮赢得了刘备的信任和众人的敬仰。但人非铁打，诸葛亮终因积劳成疾，五十来岁就在五丈原匆匆告别了人世。与其说诸葛亮是病死的，不如说是"事必躬亲"累死的。

我们不妨从管理学的角度来审视一下这件事：虽然诸葛亮鞠躬尽瘁，死而后已，但由于他不懂授权，最终导致失败，从某种程度上说造成这悲惨结局的人是他自己。诸葛亮将行政与军事大权揽于一身，从行军打仗到皇帝身边的小事情，他都要亲自过问，特别是在刘备去世后更是如此。诸葛亮一身多任，虽有面面俱到之心，却分身乏术。他这样做，累垮自己不说，下属的潜能也发挥不了，结果是自己辅佐汉室的宏愿变成泡影，只能带着遗憾离开人间。

案例启示

从诸葛亮身上，我们可以将阻碍授权的认知因素归纳为：对下属不信任、害怕削弱自己的职权、害怕失去荣誉、过高估计自己的重要性等。当然，以授权的角度评价诸葛亮的一生未必十分公允，甚至有些苛刻，但这并不影响诸葛亮的伟大与高明。

在很多人的内心深处，"大丈夫不可一日无权"的思想根深蒂固。自己即使当上了"头儿"，也事必躬亲。好像如果不这样，自己就不是一个负责任的领导似的。这样做所导致的直接后果就是：管理者所领导的团队变成了救火队。管理者变成了救火队队长，下属变成了救火队队员，哪里出现问题哪里就会出现管理者指挥队员灭火的身影。表面上看，这似乎能够表明管理者是一个好领导，能够率领团队做出好成绩。其实不然，这样做并不能说明管理者有能力，也就是一个平庸的管理者而已。因为事必躬亲会让领导忘记本职工作，最终结果是"头儿"忙得团团转，下属天天抱怨，大事上顾此失彼，小事上漏洞百出，工作效率低下。

管理学大师德鲁克指出，管理者的职责是引领而非运营。在任何一个组织内，管理者的职责都是最大限度地调动各方面的资源，联合各方面的力量，齐心合力地实现组织的目标。管理者没有三头六臂，不能事必躬亲，但管理者又必须对每件事承担自己的责任。

从培养人才的角度而言，合理授权能够为企业培养独当一面的人才。因为能力是在实践中锻炼出来的，下属们只有拥有足够的权力，才能培养出解决问题的能力。同时，管理者只有通过授权，才能充分地让下属发挥出主观能动性，让他们带着激情去工作，为组织创造更美好的未来。

案例2：王石——登山家？企业家？授权家？

"每个人都是一座山，世界上最难攀越的山其实是自己。努力向上，即便前进一小步也有新高度。做最好的自己，我能。"这句广告词简直就是为王石量身打造的。

万科集团董事长王石作为中国民营房地产企业的管理翘楚，自1999年开始就已经退居二线。不过，退休后的他并没有每天无所事事，世界的很多地方都曾出现过他攀登山峰的身影。

王石喜欢探险，当他先后完成了攀登世界七大洲最高峰和穿越南北极的探险后，在2006年王石51岁之际，他把社会活动家作为自己人生的下一个重要角色。此后，王石活跃于各种公益活动及NGO组织，这些社会活动成了王石生活中一个新的构成部分。

王石在过去五年期间，曾将个人收入的1/3都投入于公益活动。王石认为，企业家走向成功分为三个阶段，首先是创业，其次是管理成熟，最后才是承担广义的社会责任。

"山在那"是王石的博客用名。

众所周知，登山是王石的一大爱好。关于他为什么喜欢登山，据说是因为他的身体一度出现了问题。王石在1995年之际，左腿突然剧烈疼痛，经医生诊断，原来他的腰椎骨长了个血管瘤，其左腿疼痛是血管瘤压迫神经导致的。

医生告诫他："停止一切运动，从现在起必须卧床休息，随时准备动手术！因为一旦血管瘤破裂，会导致下身瘫痪！"听到医生这样说的王石，脑海中闪过的首个念头就是：手术之前必须要去一趟西藏。原因是一旦坐上了轮椅，就再也无法实现自己从小的梦想了。

打点行李，王石向西藏进发，从此以后，便开始了他的登山传奇。

王石在1999年5月份时，登顶海拔6718米的玉珠峰，一直到2003年5月站在珠穆朗玛峰顶峰，这段时间，他从一名普通的登山爱好者逐步成长为中国登山协会副主席，为自己的梦想交出了一份漂亮的成绩单。

有人好奇王石喜欢登山的原因，他说："很多人以为我是为了健康而选择登山，其实不是，登山只是我选择的生活状态，但我想我应该在命运的挑战面前做些事情。"

直至今日，王石依然保持着国内登顶珠峰的最年长纪录。在先后完成了攀登世界七大洲最高峰和穿越南北极的探险后，王石又将注意力投向了飞伞与帆船。如此潇洒任性的生活，在当今中国的企业家中，又有几个人能够做到呢？

依照王石自己的说法："特别是2003年之后，我出席一些场合，一般主持人都会这样介绍：现在请著名的登山家王石先生进行演讲，顺便提一下，他的企业也办得不错。"

案例启示　　从王石的生活经历来看，可以看到王石是从1995年开始登山之旅的，实际上，他在1999年之前还身居总经理这一重要职位。但是不管他是否身居总经理或董事长，也不管他是否在公司，万科集团依然有条不紊地发展着。管理学告诉我们，成功的管理应当做到：不管谁离开公司，都不能对公司的经营产生难以估计的负面影响。王石有能力做到这点，与建立强大的企业管理机制和对正确的人作出正确的授权有很大的关系。正如柳传志先生曾说过的那样：公司总裁的任务就是"建班子，定战略，带队伍"。身居高位没有必要过于繁忙，更没有必要对具体事务亲力亲为，不然就会失去判断与掌控全局的方向。

《三国演义》中有这样的一句话："闲者居上，能者居中，工者居下，智者居侧。"意思是说：公司领导人是清闲的，一定要气定神闲，才有时间、有精力考虑公司发展战略和方向，才可以运筹帷幄、决胜千里。使管理的各个层面都有合适的人才，事情办得妥妥当当，领导就解放出来了。

案例3：重出江湖：柳传志的放权

古今中外，任何一个企业的成长都会历经许许多多的磨难，联想公司同样不例外。在1991年的"黑色风暴"中，联想就面临几乎灭顶的危机。当联想在柳传志的呵护下一步步走到壮年，职业经理人有能力独当一面的时候，柳传志明智地选择了退出。

柳传志的"以退求进"，就是从更宏观的角度考虑整个企业的发展，这不可谓是处世哲学中一种非常高明的做法。大多数时候面对困难，只有先退后进，才能获得质的跨越，就如同只有先蓄满能量才能做到出拳有劲。

2000年，柳传志将联想分拆成两个公司，分别是联想集团和神州数码，将联想集团交给杨元庆经营，将神州数码交给郭为经营，他成了名副其实的"资本家"。为了做好投资项目，联想控股先后成立了"联想投资"和"弘毅投资"这两个子公司。

企业分拆后的次日，联想集团将准备实施多元化发展的策略对外公布，企业选择与计算机相关的互联网和IT及手机业务作为发展的重中之重，然而一系列尝试都以失败告终。在经历了多元化误区后，联想毅然决定专注于经营PC制造。

柳传志在经历了这次打击后开始认真思考，企业究竟怎么做才能把多元化做好？这个问题一直在柳传志的脑海里盘旋了许多年，直到某一天他才认识到：联想集团的多元化发展策略之所以失败，实际是输在组织架构上。

"很难想象，一个企业又做电脑，又做房地产，又做投资，然后用同一套体系进行人事建设和激励。让这样的企业与高度专业化的企业竞争，想取胜是非常困难的。""多元化非常忌讳采用企业事业部的方式，由企业总部给各事业部制定战略，进行激励。而采取子公司的形式就不同，子公司有独立的法人，可以有独立的战略体系、执行体系、文化建设体系。"

柳传志不仅意识到了联想集团多元化失败的因素，而且这一认知为他后来运作与管理联想控股方面积累了非常宝贵的经验。如今柳传志将"慎重选择企业管理者，之后将权力分散到各个子公司，监督考核只针对管理者的工作进行，而对各子公司的具体业务不作过多干涉。子公司管理者的选择非常重要"。柳传志曾说："尽管组织架构不好做，但是比一个笨蛋去做独立子公司要好得多。"

对人才的选拔一直是柳传志极为重视的一项工作，而他的急流勇退也让杨元庆、郭为、朱立南、陈国栋、赵令欢这些联想的"五虎上将"声名远播。

在旁观者看来，柳传志引以为傲的得意门生们始终行走在其影射之下，没有办法真正超越他。柳传志却对这种看法不敢苟同，"他们做得都不错，确实都不错。特别是杨元庆，他这个摊子做得越来越大，他肯定会超越我的。"

为了让自己的得意门生充分施展拳脚，柳传志几乎不和他们同时出现在一个活动场合，也极少接受IT类媒体的采访。

案例
启示

柳传志当初选择自己创业，最主要的原因是不愿意看到自己的科研成果搁置一旁，迟迟无法进入实际应用阶段。与他怀有相同想法的科学家有很多，但他并不认为所有抱有这种想法的科学家都适合创业。有些科学家不懂做企业，他们很有自知之明地外聘人员管理公司，自己只担任CTO。事实上，科学家对公司事务的管理如果事必躬亲、多头管理就容易令企业陷入一片混乱。这要求管理不仅有决心、有信心，还要懂得放权。

如今，柳传志将联想集团的担子全部交给杨元庆。从柳传志的身上，我们可以看出"适时放权，以退求进"的管理哲学。

案例4：王安电脑败落的授权启示

王安曾被评选为全美最杰出的12位移民之一，并同时被列为爱迪生之后的第69位伟大发明家，他曾以20亿美元的身价高居美国华人首富，是和杜邦、福特甚至洛克菲勒等商界知名人物齐名的全美十大富豪之一。1986年是王安电脑公司发展的鼎盛时期，其间有超过三万名的员工人数，有高达30亿美元的营业额，王安电脑的实力一度与电脑巨头IBM不相上下。

王安电脑这样一家资本雄厚的企业后来在短短几年间就走向破产，其根本因素并不是因为其是家族企业，而是因为王安没能做好中国传统文化和西方制度的有机融合。王安电脑公司迅速衰亡的历史用事实表明了中国传统文化和西方管理制度具有不可调和的一面。

王安本人身为美国数十年的电脑巨头，实际上却一直对西方文化具有非常强烈的抵触心理。这种抵触使他没有办法深入认识西方文化，直接致使其试图调和中国传统文化和西方管理制度的失败。

王安之所以身处美国社会却不能接受美国文化，主要原因是他早年应聘IBM时曾遭受羞辱的阴影迟迟挥之不去，甚至让他埋下了自尊乃至报复的心理。王安有这种强烈的民族自尊心的确值得为人们所钦佩，然而这种"以我为主"的心态却成了阻隔王安从"小我"观念到"大我"观念转变的罪魁祸首。

这种心理让王安不仅坚持以中国名字为公司命名，甚至在管理模式上也受到这种非理性因素的深切影响。王安实验室的"三剑客"考布劳、斯加尔及考尔科才华横溢，但王安并没有通过相应的制度发掘出他们的力量。而是选择坐山观虎斗的残酷方式，让他们之间相互竞争。事实上，王安的这种权谋管理制度最终伤害的是自己的利益。

王安这种将自己和美国人对立的心理，属于《孙子兵法》中权谋哲学的体现。然而这种哲学观念是与以创新为目标的现代企业制度格格不入的。

王安的权谋哲学在其晚年时期更是体现得淋漓尽致。晚年的王安固步自封，几乎丧失了进取精神，判断力一度异常迟钝，错误做出了"不与IBM的PC机兼容"的决定，这是致使王安公司急速卜滑的重要原因之一。然而此时的王安却不懂得激流勇退，仍将公司大权牢牢掌控在自己的手里。

在选择公司接班人这一重要事件时，王安不仅没有采取现代企业的职业管理制度，反而秉持狭隘的"传男不传女"的传统观念，置众多董事和下属的反对于不顾，执意将公司大权交给对经营公司并不擅长的大儿子王烈手中，导致公司财务状况告急，王烈从1986年底上任直到1988年初，在短短一年多时间内使公司亏损了四亿多美元。

在撤销王烈的职务后，对电脑行业一窍不通的爱德华·米勒临危受命，担任了公司的第三任总裁。让爱德华·米勒担任总裁这一事件更是表明王安依旧未能按照现代企业的人才选拔制度行事。其背后原因，归根结底还是王安根深蒂固的传统思想作祟。

王安公司中曾经有一位名叫卡宁汉的人，极为受到王安的器重，他甚至成为王安家族之外唯一一位可以影响王安决策的人。卡宁汉受到重用的原因，除了本身颇富才华外，最重要的是他总是能够对王安的要求洗耳恭听。然而，卡宁汉这位被世人认为有能力引导王安公司迈进21世纪的优秀人才却最终与总裁宝座失之交臂，主要原因竟是因为他并非王安家族的直系成员。

因此，尽管大儿子差强人意，但王安的家族观念还是根深蒂固，他又安排自己的另外一个儿子坐上公司副总裁的位置。这一行为直接导致高层管理人员纷纷离职，最终使公司面临破产的命运。

不过，王安在年轻时是一个十分提倡唯才是举的人。王安公司在鼎盛时期包揽了一群包括后来思科公司总裁钱伯斯在内的美国顶尖的科技或管理人才。但步入晚年的王安却为了实现将王安公司牢牢掌控在王氏家族手中的这一愿望，转而扶植自己的两个儿子，这一行为可以说是让王安公司由盛及衰的最主要原因。

案例启示 我们可以看出，王安电脑公司衰落的主要原因是权力交接问题。王安启用其子作为公司总裁，本是无可厚非，但问题的关键是其子在公司经营管理上近乎文盲。在公司濒临财政危急之时抓不住要害问题，而大谈管理问题，使王安公司丧失了挽回败局的机会。同时，由于王安重用庸才，伤害了公司几员大将的心，致使其纷纷离开公司，使王安失掉了左膀右臂。王安秉持浓厚保守的家族观念，不把权力放开，最终导致了这位计算机界的巨人及王安电脑公司的悲剧。

案例5：中国家族企业授权成败案例

据不完全统计，中国家族企业只有24年的平均寿命。当今世界，30％的家族企业可以顺利生存到第二代，仅有10％能够支撑过第三代，淘汰率相当高。中国家族企业无法传承下去和被淘汰的主要因素就是没有健全的继承计划。把企业硬性传给没有竞争实力或没有准备好的继承者的行为也是企业被快速淘汰的重要原因。在进行企业传承时，关于后代的财产分配问题没有处理妥当也是很大的原因。不过，也有一些企业接班顺利，并且企业在子女手里发展得更好，鸿星尔克这一企业就是其中的典范。

起步于20世纪80年代的鸿星尔克，2005年就已在新加坡正式上市，到了2007时，家族企业已拥有20.77亿元的巨额资产。

鸿星尔克的创始人吴汉杰按照中国传统的处理方式对公司权力进行分配，即长子全权，次子分管。虽然分配方式看起来传统，但这种权力分配事实上还是基于对两位继承人的实际能力的定位而定。1975年1月出生的长子吴荣光是一名中共党员，清爽、干练是他给人的第一印象。他念完中学后考入沈阳设计学院，专修运动鞋设计。大学毕业后，他就一直在父亲的鞋厂帮忙打理家族生意。

吴汉杰的二儿子吴荣照不同于很多富家子弟，他的学习成绩一直非常优异，最终凭借优秀的成绩考入福州大学攻读经济类专业，大学毕业后，他又前往澳大利亚继续深造。澳洲的学习经历让吴荣照对国外企业的发展历程有着更为清晰的认识。学成归国后，吴荣照与多家新加坡的投资公司及银行进行亲密接触。这使他深刻意识到，企业要想获得长足发展，必须突破资金瓶颈，需要对国外战略投资者积极引进，让企业上市才会对企业的国际化战略带来更大的促进作用。

吴汉杰和两位继承人的第一次重大争议就是公司是否上市的问题。

吴荣照首次提出企业要上市的意见时，吴汉杰及其兄长的意见是"一旦企业上市，会失去对企业的控制"。

但是，吴荣光很快就表示选择支持弟弟的这一想法，并最终站到了统一战线。他们二人一起开导父亲："如果能帮助企业做大做强，打造成一个百年品牌，失去控制权也值得。"吴汉杰最终认同了他们的想法。2005年11月14日，鸿星尔克在新加坡正式上市。

从正式成立企业到后来上市的两次重大命运转型，吴汉杰家族商业的基础与他的两位继承人息息相关，而兄弟俩在这两次企业转型中，下意识地扮演了适合自己的商业角色：长子吴荣光掌管企业战略与决策，而次子吴荣照则分管融资与品牌等。如今，长子吴荣光是集团董事局主席兼总裁，次子吴荣照则成为了集团董事兼首席运营官。

除了权力分配之外，吴汉杰还依照子女对企业做出贡献的多少来分配股权，并未搞平均主义。上市后的鸿星尔克，家族股权占40%，吴汉杰与大儿子吴荣光各占一半，二儿子吴荣照只占他们两人股份的一半。

案例 启示　　企业规模一旦扩大，许多企业家都不可避免地要面对授权问题，然而，授权的话又担心授权不当可能会引起管理混乱问题，存在困惑在所难免。这一难题于是摆在了每个希望有所作为的企业家面前：管理权，授还是不授？

鸿星尔克在授权问题上处理得非常恰当，与其他第一代家族企业家有所区别的是，吴汉杰将公司权力交出后，就不再对公司的大小事务有任何的干涉。实施长子全权、次子分管策略，一方面明确家族股权，一方面坚持管理者制度。鸿星尔克的开创者吴汉杰将看起来极为复杂的权力交班问题变得简单明朗化。

授权，是所有处在成长转型期的民营企业管理者们既喜欢又担心的字眼。在成长型民营企业中，多数企业采取的依然是人治化的管理，专业化的管理机制却很少付诸行动，正式的内部权责结构无法形成，授权自然就意味着企业管理者要承担一定的风险。这一阶段的企业老板对核心人才的识别标准通常是"效忠唯才"以"合理授权"谋求发展，企业能不能跨越式地发展"合理授权"，成了企业继续发展的一道生死关！

时至今日，很多家族企业管理者在解决"用人""授权"的问题上，大多还停留在是用"愚民政策"还是"集权管理"的人治化管理阶段。企业的发展事实上还是在靠老板拉动，想靠人才推动却很少有人能够做到，企业能走多远不得不取决于领导的能力和行业的状况及市场的供求关系。

案例6：把权力授给最恰当的人

史玉柱有一句名言广为人知："没有不能干的事，只有不能干的人。"他表示，无论投资还是创业，核心因素都是人。建立团队是一个庞大的系统工程，是办企业首要的因素。他曾自豪地说："一个企业实际还是靠人，巨人集团重新起来，资金没有多少资金，实际上还是靠我们这批人。人确实十分关键。"

在他眼中，人才和学历并没有什么关系。他认为，"所谓人才，就是你交给他一件事情，他做成了；你再交给他一件事情，他又做成了。初中水平跟博士后没啥区别，只要能干就行。我一直是这个观点：不在乎学历，只要能干、能做出贡献就行。"

史玉柱的选人标准有两条，即"又红又专"。红，是指人品好；专，是指业务好。他表示，其实任何一个团队都是在找合适的人，又红又专的人都是能找到的。他还表示："红，我想一个人的人品在早期还是能看出来的；专，其实很大部分跟培养有关。你如果将员工放在一个位置上，却不授权给他，那他永远专不了。你要把他放在那个位置上的同时，还要授权给他，这才能培养他。"

2005年初，即将结束复旦大学研究生学习的纪学锋收到了三份工作录用通知：一份工作的月薪是5000元；另一份是7500元；巨人网络给的最低，月薪4000元。

出人意料的是，纪学锋到巨人网络看了一圈之后，选择留下来，"一方面是巨人网络的创业氛围打动了我，另一方面也是我当时已经在莘庄买了房子，希望上班的地方离家近一些。"其余两份工作的上班地点都在浦东陆家嘴。当时巨人网络成立才两个月时间，蜗居在桂林路的一个小工业园里，只有二三十名工作人员。

就这样，作为一名数值策划，纪学锋加入了巨人网络。纪学锋说此时的他对网络游戏几乎是一无所知，不过大学时候的他就喜欢玩单机版游戏。

此后的经历很快就证明了纪学锋择业时的判断力，在巨人网络工作两年后他就因为表现优秀而被史玉柱提升为征途事业部总经理。史玉柱充分授权，让他掌管这款最高同时在线人数达到210万的大作。"这种成长空间是其他公司很难给予的。"纪学锋表示。

更让纪学锋感慨的是，在创业的过程中，史玉柱答应给创业团队的利益最终都一一兑现了。巨人网络上市曾一举造就了21个亿万富翁和无数的千万、百万富翁。

不仅是纪学锋，其他团队成员在这些年也获得了飞速的发展。30岁出头的巨人网络CTO宋仕良常常回忆说，加入巨人网络前，他只不过是一名普通的程序员。在巨人网络创业的这四年，一切都改变了。

2004年，宋仕良加入巨人网络，担任研发总监，带领研发人员开始研发《征途》。在开发的过程中，宋仕良等人完全放弃了之前自己熟悉的技术架构，"《英雄年代》的服务器编程用的是C语言，而《征途》是用C++语言完全重写，服务器架构也是重新设计的，客户端程序更是靠许朝花了大半年时间重新编写完成的。"

随着巨人网络的快速崛起，史玉柱像对其他高管一样，对其充分授权，宋仕良不仅职务上已经从一名普通的技术人员成长为巨人网络的高管，而且在管理上，其麾下已经有几百名研发人员了。

让宋仕良感触最深的还是史玉柱对研发人员的重视和尊重，现在的巨人网络几个事业部全部是研发人员主导，"在巨人网络，做研发比较踏实。"

与宋仕良一样在这几年里实现了人生跳跃式发展的还有丁国强，这位同宋仕良一起加入巨人网络的创业者现任巨人网络巨人事业部总经理，为巨人网络12名高管之一，管理着整个事业部80多名研发人员。

加入巨人网络前，作为普通策划的丁国强薪水很低，而在巨人网络这几年，丁国强不仅业务能力和管理能力得到了极大的提升，其个人收入也实现了快速增长。

更为重要的是，丁国强感觉跟随史玉柱创业的这四年也是自己在业务能力和管理能力上成长最快的四年，"史总会毫无保留地分享他的经验"。

案例启示　在一些知名企业中，很多精明能干的总经理、大主管在办公室的时间很少。但他们的管理丝毫没有受到不利的影响，公司的业务仍然像上了发条的时钟一样有条不紊地进行着。那么，这些管理者是如何做到这样省心的呢？秘诀只有一个：他们善于把权力授予最恰当的人。

从一穷二白的创业青年到全国排名第八的亿万富豪，又到负债两个多亿的"中国首负"，再到身价数百亿的超级巨富，在中国商界，史玉柱无疑是最具传奇色彩的创业者之一，是当今时代屈指可数的商业传奇。这和他对人才的重视，以及善于将权力授给最恰当的人有关。

将权力授予最恰当的人，不仅能促进企业的快速发展，同时也能让受权者得到快速的成长。这种双赢的格局是企业和员工都想得到的结果。

案例7：从英阿马岛之战看授权

1982年4月2日，被英国占据150年之久的马岛被阿根廷夺占，英国首相撒切尔夫人决心再夺回来。英军快速反应，司令部迅速拟定出了详细的作战计划，很快组织起一支拥有近百艘舰船和两万多人的特遣舰队，刚刚49岁的伍德沃德担任舰队司令。出发前，撒切尔夫人专门召见了他，两人之间进行了一次有趣的谈话。首相问："你需要什么？"

"权力！"他的回答叫人吃惊。

"什么权力？"

"真正指挥特遣舰队的权力。我不要人干涉，包括您和战时内阁。"

"我给你权力！给你除了进攻阿根廷本土的一切权力。"召见就这样结束了。

特遣舰队出发了，伍德沃德将军全力投入指挥特遣舰队赴阿作战，他夜以继日地工作。英国距马岛一万多公里，横跨大西洋需要在海上航行几十天，战线之长在英国的作战史上比较少见。

伍德沃德率领的舰队在海上航行几十天后，在快要抵达马岛海域时他迅速派出一支精干的突击队，抢占了南乔治亚岛。这样，他在浩瀚的大洋中找到了一块立足之地，以此为基地开始筹划下一步登陆作战。

通过侦察，伍德沃德巧妙地避开了阿军主力，把登陆场选在阿军防御薄弱的圣·卡洛斯港湾。登陆突击队出发前，他又向陆战队指挥官穆尔将军面授机宜，他们之间也发生了类似首相与伍德沃德将军之间的谈话。穆尔将军直截了当地向他提出要"真正指挥突击队的权力"，并说："你不要干涉我在岛上的行动，那里只有胜利。"伍德沃德将军回答得更为干脆："我给你权力！"

登陆战斗打响了，由于英军出其不意，攻其无备，登陆一举成功。英军很快占领滩头阵地，继而攻占了圣诺斯，尔后兵分两路，夹击斯坦利港。当时伍德沃德鉴于岛上阿军人数占优势和地形极其复杂这两个特点，曾要求穆尔采取"逐步推进，稳扎稳打"的战术，不要轻易冒进。但是穆尔却发现，由于阿根廷根本没有料到英军会从一个完全想象不到的方向袭来，在一片惊慌失措中几乎到了不堪一击的地步。看到这种情形，穆尔当机立断，决定改变战术，向部队发出"全速进攻"的命令。

在攻击中，穆尔对自己指挥官的命令"有所不受"，他的下属对他的命令也"有所不受"。他原命令英国王牌军第五骑兵旅旅长威尔逊攻打鹅湾，可是当他们所乘的"伊丽沙白女王二号"军舰途经弗兹罗港时，威尔逊发现这里的阿根廷守军已经撤离了。这个意外的发现使他"双目发光"，于是马上命令部队迅速登陆，占领了这个战略地位极其重要的港口。可以说，各指挥官对君命"有所不受"原则的运用，使英军夺取胜利的时间大大提前。

英国和阿根廷的马岛之战实际上是两种军事体制的战争，也是两种用权观念的较量。在这场较量中，一方面是英国将帅们奉行"将在外，君命有所不受"的原则，自下而上都敢于授权和用权；另一方面却是阿根廷统帅部高度集权，毫无军事常识的加尔铁里作为法律意义上的阿军最高司令直接掌握着军事决策权，而作为马岛战场指挥官的梅嫩德斯似乎比加尔铁里在军事上更加无知，没有加尔铁里的命令，梅嫩德斯就不知道怎样调遣部队。因此在战争进行中，他的指挥部形同虚设，各军种的部队配合失误连连，使得一场占尽天时、地利、人和的战争以英方的胜利而告终。

案例启示

马岛之战中英军的胜利，从一定意义上说是"授权"式的"委托式指挥法"的胜利，是以军事体制对军事体制的胜利，只有授权于下级，给下属更多的自主权和灵活性，才能取得胜利。

英阿之间的马岛之战有许多做法值得借鉴：

1. 上级要根据承担的责任和任务，大胆地授权给下级，让下级充分发挥自己的才智，增强其灵活机动性，管理者应当做一个一流的"舵手"，而不是一个好"水手"。

2. 下级要敢于向上级要权，争取获得必要的授权，以利于实行有效的行动。

3. 上级在授权时要规定一个框框，把握住"纲"与"目"的关系，像撒切尔授权给伍德沃德将军时所说的那样："我给你权力！给你除了进攻阿根廷本土外的一切权力。"

4. 管理者要层层放权，对每一级下属都要在明确目标和任务的前提下充分放权，允许他们灵活地处理问题，特别是灵活地处理突发事件。

5. 下级要敢于用权，敢于承担责任，遇到特殊情况时要敢于灵活处理。

英国的各级军事将领机智、果断、灵活、善变的快速应变能力和敢于对战争负责的精神值得我们好好学习。马岛之战本身的孰是孰非是政治家讨论的问题，在此不赘言。

授权工具箱 | 授权成功测试表

表1 授权是否成功测试表

问 题	A：经常是	B：偶尔是	C：从不
1. 除非是确知别人做得来，否则我只把自己不想做的事分派出去			
2. 只要我认为团队成员能力够，我会授权得更多			
3. 只要自己做得来的事，我就会亲自去做，即使会影响到其他要事			
4. 我想要给团队成员进步、提升的机会，但不常这么做			
5. 在授权时，我常给我的受权者做些琐碎的事			
6. 我都是等到事到临头，才将工作授权给当时最闲的人			
7. 在分派工作时，我一定会告诉团队成员要达成的目标、希望的做法及完成日期			
8. 只有在我有空时，才会找受权者来讨论工作进度			
9. 一旦得知授权的工作可能出状况，我会马上介入			
10. 不需要制出检讨工作的日期，一切待工作完成后再说			

说明：

本测试最高分37分，最低分13分，如果你得分在13～20分之间，说明你还不知如何授权；如果你得分在20～25分之间，说明你基本掌握了一些授权技巧，不过还要加油；如果你得分在26～37分之间，恭喜你，你是一个成功的授权者，希望你能达到事业的巅峰，能早一天晋升为高层管理者。好了，现在根据下表的评分要求开始打分吧，一定要从实际情况出发。

授权是否成功测试评分表

问题编号	A	B	C
1	1	2	4
2	3	4	5
3	0	1	5
4	2	4	5
5	1	3	5
6	0	1	4
7	5	4	1
8	2	4	5
9	1	3	4
10	1	2	3

第二章

不重视授权，就不懂得管理

现代社会，管理者的工作千头万绪，极为繁杂，如果每件事都事无巨细、事必躬亲，即使有三头六臂也会应接不暇，难免事与愿违。所以管理者必须学会正确授权，充分合理的授权能使管理者们不必亲力亲为，把更多的时间和精力投入到企业运营上。

一、授权是企业管理成功的基础

在企业管理中，授权发挥着十分重要的作用。授权能促进信息的交流、组织结构的更新、权限体系的变更，更能从制度上保障持续创新；授权还可以提高组织的凝聚力。授权取得成功的关键是确立的目标非常明确。在明确的目标指引下，各部门通力合作，带来的必是组织凝聚力的提升。就一个发展中的企业来说，企业的成功需要导入科学合理的授权体系。香格里拉大酒店之所以能够在管理上推陈出新，也是因为通过一系列的授权活动提高了企业的服务水平和运营效率。

在豪华的北京香格里拉大酒店餐厅里，有一位顾客对他点的牛排非常不满意，所以叫来了服务生。在礼貌地听完他的抱怨后，服务生平和而迅速地拿走牛排，吩咐厨房另烤一块更好的送来。

这似乎是一件很平常的事件，但它却是反映该酒店在亚洲进行的一次广泛、深入的组织变革。这次变革的目标是将这个已经是亚洲管理最好的连锁酒店之一变为一个得到该区域顾客更加认可的、更好的公司，酒店将提供更好的服务、更丰富全面的体验，并且更注重细节。

当然，这个变革取得了令人满意的结果。香格里拉酒店赢得了来自旅游杂志和旅游机构的更多奖项。这是对其变革的肯定，同时也是对它管理能力的赞许，在此过程中，酒店员工学到了很多技巧，同时也保证了酒店的运营和发展。

酒店拼的就是服务，香格里拉酒店的管理人员曾这样说："我们希望员工在与顾客打交道时就做出决定，这可能是很简单的事情。当顾客抱怨时，服务人员应自动解决问题，而不是说'我要去问我的主管'。这是我们承诺实现的一个简单观念。"这种授权观念看起来简单，但香格里拉很快意识到它实施的难度。公司在这次变革中触动了各种文化因素，最后不得不承认："这种观念的实施非常困难，尤其是在亚洲文化中。"把传统的文化完全放下是一件非常困难的事情，员工常做的事情是在遇到问题的时候迅速服从主管、向上报告。他们克制自己不做决策，在传统文化中这涉及尊重问题而非愿不愿意的问题。因此，香格里拉决定，变革前期要做的一件事情是，逐步消除文化在这些以及其他方面的影响。

所以，香格里拉决定从管理人员的观点着手。新的变革的做法并不是否认文化之间的差别，而是强调经理应创造一个特定的环境，使员工不再害怕作决定。"这就要求先培训管理者，使他们想那样做，而不再是以文化问题为挡箭牌。文化问题是一个认知问题，而不是一个障碍。"经过详尽调查，香格里拉意识到这个管理问题出在害怕的心理上，即害怕负责、害怕失败、害怕被老板责骂。员工有时感到经理不允许他们做一些事，经理必须学会放权，让员工做决定。

"因此我们的策略是，首先通过反复灌输作决策的重要性，并培训我们的经理不要因员工犯错误而惩罚他们，以逐步消除害怕心理"，"其中又以经理对犯错误的反应为重点"。这使得香格里拉对经理成功的评价标准发生了改变。如今香格里拉的高级经理会更多关注一些他们以前从未注意到的事情，他们现在大力强调人员的管理技巧。所有经理都可以看到他们在调整调查中所得的分数，这极大地提高了员工工作的积极性。

公司的办法就是把经理分离出来，这也是培训的关键因素。其实，为了放权力给员工，香格里拉已经建立了一些机制。它参照财务机构的做法，把授予的职权限定为一定的金额，如一个员工最多可以决定的定量金额。现在，很多公司正在寻找办法来把这个机制应用到非管理层。在与顾客打交道的时候，如果这个员工不是一个管理人员，他就会有一个规定的金额，不管用什么方式，只要让顾客满意，他就可以随意支配这些金钱。"以前，我们对此非常模糊，我们只是有一些理性认识。但在实践中，最好是不要概念化，越具体越好。这样人们才会知道他们的权限是什么。所以我们明确地规定了具体的授权。"

另外，香格里拉用调整、评估、调查来提高业绩。在一段时间内，集团公司会进行一次系统性评估，通过各方面来确定员工应享受的工资和待遇。每一个员工，从行政总裁到最底层的员工，都要接受这项调查。

权力下放问题正是该调查关注的一件重要事情。权力下放不仅使公司的组织结构扁平化，而且使公司能在最短的时间内做出正确的决定。

二、授权能提高管理能力

如今人们更注重的是专业化分工和团队合作，管理者必须懂得安排合适的人去做合适的事，以及充分调动下属潜力的重要性。不同岗位上的管理者有着不同的管理目标，管理者将自己所有的权力授予下属，也就是把自己的管理目标分成若干个子目标，交给下属去完成。管理者对下属授权体现了管理者对下属的充分信任，这样能最大程度地发动下属，齐心协力地为实现管理目标而奋斗。

从一本管理杂志上，我看到了这样一份材料：

对一个善于授权的企业家的一周工作安排所进行的调查结果是这样的：0.5天开经理办公会，听取汇报，了解掌握各项工作进度；2～3天在外与不同所有制、不同行业的企业家、经济学家、管理学家和政府官员交流；其余时间在厂内与不同层次的下属进行交流，除重大事项，如项目招标方案定夺、重要客户来访等工作外，日常性的具体事务均不过问。双休日如果没有无法推辞的重要活动，则把全部时间交给妻儿来安排，或郊游度假，或打球休闲。

适当的授权不仅不会影响企业整体目标的实现，反而能够调动下属人员的积极性，管理者可以把精力投入到捕捉新的市场机会上。那么把权力授给了下属后，企业管理者能得到什么好处呢？不言而喻，授权可以提高自身的管理能力，也能让下属更大程度地发挥自身能力。

企业要想实现战略目标，实行公司化的正规管理，领导者必须转变意识，敢于授权，甘于授权。

三、通过授权实现支持型管理

授权是一门管理的艺术，充分、合理的授权能使管理者们不必亲力而为，把更多的时间和精力投入到企业发展及如何引领下属更好地运营企业上。授权可以实现支持型管理，以提升受权者对企业的接受度、信任水平，使其乐于为公司做出额外的努力。

那么，管理者如何在授权时实现支持型管理呢？以下是一些实用建议。

1. 表示对受权者的肯定

支持型管理意味着待下属礼貌、通情达理；与员工沟通时保持愉快、开朗的心情；花些时间了解下属，了解他们的兴趣、娱乐、家庭和爱好；记下与他们交谈的内容，包括员工家庭及活动的细节信息。如果需要，用一本笔记专门记录每位员工的信息。关于人们告诉你的信息，要注意保守秘密（不要传播下属或团队成员私人生活的流言）。

2. 当下属焦虑或沮丧时，表现出同情和支持

对在工作中遇到压力和困难、感到沮丧的受权者表现出理解和同情。花时间倾听他的问题，试图理解下属感到紧张或挫败的原因，并在必要时提供辅导、建议和个人协助。例如，当工作量过大时，帮助下属合理完成工作就是一种表达支持的有效做法。通过过滤一些来自外部或高层管理者无关紧要的抱怨、不现实的要求，也能大大减少下属的工作压力。

3. 增强受权者的自尊和信心

向受权者表明，他是一位很受器重的组织成员。在分派困难任务时，对受权者表达信心。当受权者因困难任务面临问题和挫折而感到气馁时，要说些提高对方自信的话语。当出现失误或绩效问题时，要以建议型（而非发怒、尖刻批评）的方式来应对。

4. 帮助受权者解决个人问题

当受权者在求助或绩效不佳、明显需要帮助时，管理者可以帮助他解决个人问题。管理者可以做的事项包括：帮助员工梳理和表达个人关注的问题及感受，帮助员工了解个人问题发生的原因，提供有助于此人的事实型信息，向员工提出去何处寻求专业帮助的建议，帮助员工找出多种解决方案，以及提供相关建议等。

5. 为受权者提供必要的信息支持

信息是一个比较抽象的概念，包括以思想性内容为主体的知识、文化传统、思维方法等，也包括从具体的实物或行为中表现出来的意义、可能倾向等资讯。信息本身不代表生产力，但信息经过与人的因素结合之后可以转化为现实的生产力。就是说，谁掌握的信息多，谁就会有更新的机遇，就会有更大的发展。

在授权过程中，管理者如何利用自己的优势为受权者提供信息支持，将直接影响授权工作的效率甚至决定工作的成败。

（1）为受权者开辟更多信息渠道

受权者从哪里获得信息，是他们能获得多少信息、什么质量的信息的决定因素。因为授权工作主要是由受权者根据自己的能力及设想去完成管理者交付的任务，所以大部分信息的收集应该由受权者自己来决定。管理者的支持主要体现为扩大受权者获取信息的渠道，扩大信息源。

受权者的地位决定了他们获得信息的渠道有很大的局限，特别是如果他们要向比自己层级更高的部门或向外部获取信息时，他们的权力地位及权力的非正式性都会对他们造成很大障碍。管理者的权力地位比受权者高，又拥有正式职权，管理者向其他部门要信息或向外界索取信息的障碍相比受权者会大大减少。所以，在受权者需要时，管理者应当以自己的影响力，为受权者拓宽信息渠道，扩大信息源。

（2）为受权者提供获取信息的优良手段

扩大了信息源，拓宽了信息来源的渠道，受权者也未必能够及时准确地获取所需信息。因为在现代信息社会，信息传播方式越来越多，信息传播工具越来越先进，而信息传播的量也越来越大，内容越来越复杂和混乱。受权者如果没有一定的信息接收工具，很多信息将接收不到，而接收了信息没有分析处理的工具或方法，就很难充分利用信息。

　　管理者有责任和义务为受权者配置更好的信息接收和处理工具，有责任向受权者传授更加高效的信息处理方法，其实现在绝大部分的信息都已经是文件化、数字化了。所以，管理者为受权者提供的工具主要有数字化信息处理设备，如计算机，网络联结设备等，以及文书处理设备，如打印复印、归档设备。管理者为受权者提供的信息处理方法主要是计算机软件使用方法、上网查询方法、文件整理分类方法等。

　　（3）直接向受权者提供信息

　　前面两项都是为了让受权者自己更方便地获取信息，一般而言，管理者能做到这两点就已经够了，至于信息的选取、甄别及利用则都是受权者自己的事。但是有些情况下，管理者自己手中掌握了对授权工作有用的信息而受权者并没有掌握，这时候管理者就应该尽可能把自己掌握的信息提供给受权者。

　　许多管理者对于什么样的信息对受权者有用把握得不好，其实管理者参加的大大小小的会议、接收的各种文件和汇报甚至平时自己看的报刊书籍中都可能含有受权者需要的信息。要想知道受权者需要什么，必须经常和他们进行交流，去深入实际地了解他们的所需。

　　（4）为受权者传播信息

　　信息是双向的，有入就有出。受权者为了工作需要，经常会向外面传播自己的信息，需要其他人了解自己的工作。这个时候，管理者可以起到非常重要的作用，受权者需要表达的信息如果由管理者来传播，会更加有权威、更加正式，能起到比他们自己传播更好的效果。

　　当受权者需要信息时，管理者就是一个服务者。服务得好，授权工作能取得事半功倍之效；服务不到位，则有可能延误工作。如何扮演好信息服务员的角色，管理者不可不学。

四、授权的反馈和监控

工作中从来都是把工作加以分解安排，授权更是必不可少。管理者初次授权给某位员工时总是不放心，工作过程中的重点不知员工是否明确掌握，细节之处不知员工是否注意到。但对工作指导过多，就有干扰员工工作的倾向。管理者应设法得到员工的反馈，以明确工作进展、工作中的问题以及是否解决，以免授权后事情发展到不可补救的地步。

所谓反馈就是在沟通过程中，信息的接收者向信息的发送者做出回应的行为。一个完整的沟通过程既包括信息发送者的"表达"和信息接收者的"倾听"，也包括信息接收者对信息发送者的反馈。不反馈是沟通中常见的问题，许多管理者误认为沟通即是"我说他听"或"他说我听"，常常忽视沟通中的反馈环节。不反馈往往直接导致两种结果：一是信息发送的一方（表达者）不了解接收信息的一方（倾听方）是否准确地接收到了信息。例如，在沟通时常常遇到一言不发的"闷葫芦"，发送者表达的信息往往泥牛入海，毫无消息；二是信息接收方无法澄清和确认乙方是否准确地接收了信息。

作为反馈的接收者，管理者必须培养倾听的习惯，使反馈者能够尽可能地展示他自己的性格、想法，以便于你尽可能多地了解情况。

管理者即使已经授权了，也要对授权工作进行监控，不监控则无法保证一切依照授权计划进行，因此授权的监控也很重要。监控实际上是为了服务。从手段上看，企业管理者可以从以下六个角度实施监控：自我监控、流程监控、会议监控、技术监控、导师监控和客户监控。

1. 自我监控

（1）自我监控的工具

反思是自我监控最好的工具。研究发现，有些人经常犯同样的错误，主要原因就在于他没有进行自我反思，并通过反思寻找到解决问题的办法。当人不反思自己时，就不容易发现自身存在的问题；当不能发现问题时，也就没有办法进步。所以，任何一个人在任何时刻都要学会反思。每个人每天至少拿出半小时反思自己今天哪些事情做对了，哪些事情做错了。

自我批评是自我监控的另一个有效工具。有些人不喜欢批评自己，总喜欢批评别人，把问题都推向别人。只批评别人不批评自己，就没有说服力，因此，企业管理者要让受权者首先进行自我批评，就如同剥洋葱一样，一层一层把问题"剥"出来。

（2）自我监控的原则

自我监控的原则是真实地面对自己。真实地面对自己有时候非常痛苦，也很困难，但是如果不能真实地面对自己、面对自己遇到的问题，问题则会越来越多，最终陷入难以解决的境地。

在企业管理中会经常发现，企业管理者把发现的问题告诉受权者了但受权者却不解决，原因在于，首先，受权者没有意识到这是他的问题；其次，受权者把面子看得太重，始终要维护自己的面子。企业管理者要让受权者明白，为了获得成长，就必须不断地进行自我反思和自我批评，通过反思监控自己，发现自身存在的问题。

2. 流程监控

对整个流程进行监控，是指从决策、执行到最终结果都需要监控。但是有些企业管理者只要结果不管过程，甚至用什么方法达到目的也不在乎，这种情况是非常危险的，对于授权者而言，全流程监控是需要贯彻始终的。

3. 技术监控

授权经营可以用技术的手段来监控，也可以通过企业信息平台实施监控，将授权流程严格信息化，通过权限设置来进行授权监控。比如，在银行取完款后，一些用户马上收到银行的取款短信提醒；财务人员刚把工资打到员工的账户里，员工就能收到收款的短信提醒；进入酒店后，酒店的摄像头能记录客户的行踪……这些都属于技术监控。

4. 导师监控

企业导师制是培养员工、规划员工职业发展的重要手段。企业希望核心员工和后备干部能够迅速成长、新员工能迅速进入工作角色，员工则希望获得成长的空间。导师制恰恰顺应了这种要求，它提倡分享知识与智慧，提倡通过沟通与交流提升企业信任感与忠诚度，有利于培养后备干部和核心员工的责任感和管理水平，实现企业与员工的共赢。

导师监控是一个比较好的监督方式，导师既可以把握方向，还可以让员工少走弯路。人都是有惰性的，导师监控制有助于个人克服惰性。个人要成长，就应该给自己找个好导师，导师监控实际上是在整合智慧资源。

5. 客户监控

在设计企业价值链时，企业应该将客户反馈纳入企业系统，将客户反馈考虑进来。因为客户能把需求告诉企业，企业可以据此及时作出有针对性的调整。

企业要想获得成长，就必须时刻考虑客户需求，把客户的要求当做企业的标准，并且每次都要做得更好一些，尽量超出客户的期望值，如此，客户才会跟着企业走。

全社会的监督是客户监督的一种方式。企业是一个经济单位，也是一个文化单位。一家令人尊重的企业传递的不仅仅是产品的使用价值，还包括优秀的文化。购买企业产品和服务的是客户，这个客户包括全社会的人。所以，企业应该接受全社会的监督。

客户监督还包括企业内部的监督。从企业内部来说，生产部门是设计部门和采购部门的客户，销售部门是生产部门和设计部门的客户，职能部门是其他部门的客户，下一道工序是上一道工序的客户。企业应采用全面质量管理理念，建立内部服务意识，这样才能在企业内部形成互相服务、互相监督的环境。

五、集权管理的利与弊

英语中有一句俗语是："权力带来腐败；绝对权力带来彻底的腐败。"这句话反映了社会对拥有过多权力的人的普遍认识。集权意味着组织权力集中到高层管理者手中，集权有其优势和局限性。

企业集权有利于领导人在生产经营活动中进行统一指挥、统一领导、果断决策；有利于领导人对企业的整个组织及经营活动实行全面控制；能有效地拟定和贯彻企业的经营战略；可以充分利用企业的经营资源；有利于提高企业的整体效益等。

集权制适当削弱了下级管理层的管理权限，防止局部利益的盲目膨胀，避免了下层管理人员团体部门利益驱动而做出与整体利益相违背的决定，有利于实现企业利益的最大化。

但是随着社会的发展，企业管理越来越科学，集权式管理渐渐暴露出自身的缺点，集权严重影响和制约企业的发展。

总的来讲，集权过度有以下的弊端：

1. 降低决策的质量和速度

大规模组织的主管远离基层，发生的问题经过层层请示、汇报后再做出决定，不仅导致决策迟缓，而且影响决策的正确性。即使决策是正确的，但由于多环节的传递耽误了大量的时间，问题可能已对组织造成重大危害，或者形势已经变化，问题的性质已经转化，需要重新决策，从而阻碍了信息的交流。

最典型的案例就是李嘉诚在北京的首个地产——逸翠园。逸翠园是李嘉诚名下和记黄埔地产有限公司在北京的第一个房地产项目。因为质量问题及与当初承诺的楼盘标准有重大差距，遭到业主集体投诉，黄埔地产对此事没有及时做出反应，致使业主联合上告至政府。本是一件很平常的房屋纠纷事件被迅速扩大，因为是李嘉诚在京的首盘，所以在海内外都引起了广泛的关注。最后和记黄埔地产拿出了解决方案，然而解决方案和业主的期望有很大的差距，导致和记黄埔地产及李嘉诚的名誉受到了极大的损伤。

究其根源，主要是因为香港总公司过分集权所造成的。和记黄埔地产北京公司只是个数据提供者和指令执行者，香港总部不仅掌握着完全的决策权，而且还控制着市场分析、产品分析及产品设计的权力。这种集权带来的直接负面效应是，产品不能与市场需求对接，应对市场变化迟缓。

该盘建设时施工方曾提出过设计上存在问题并上报给了和记黄埔地产北京公司，和记黄埔地产北京公司再上报给香港总公司，香港总公司不予理会，这么重大的事就不了了之了，为后面楼盘的质量问题埋下了隐患。和记黄埔地产北京分公司只能完全按照香港总公司的指令执行，甚至连印发一个信封的款式都要向总部请示，获批后才能印刷。此次事件也是如此，业主提出投诉后和记黄埔地产把情况反应给香港总部，总部再把决策传递回北京分公司，北京分公司再通知业主……这样往复几个来回后，消耗掉的不仅是金钱和时间，更是业主的耐心与宝贵的危机公关时机。而且，总部因为不了解具体的情况，所做的决策也就不具有科学性，导致事件负面影响越来越大。

2. 降低组织的应变能力

适应了环境的变化，组织才能生存和发展，随着组织规模的扩大，过度集权的组织可能使各个部门失去自我适应和自我调整的能力，从而削弱组织整体应变的能力。

3. 降低底层人员的积极性、主动性和创造性

权力的高度集中，致使底层管理人员和操作人员只能被动地、机械地执行命令。长此以往，他们的积极性、主动性、创造性和工作热情将会丧失殆尽，同时高层管理者也难以集中精力处理大问题。

当集权者出现意外后，整个组织就会瘫痪，甚至死亡，这是集权最大的危险，而组织越庞大，这种危险性就越高。这也是很多大企业高层领导者一有变动，整个企业就开始动荡、陷入危险与诸多不确定因素之中的主要原因。

简单来说，集权对内部管理是有利的，但对应对外部竞争极为不利。

六、正式授权VS非正式授权

正式授权是相对于非正式授权而言的概念，是对已经确定的有重大意义的任务进行授权时应采取的方式。正式授权可以体现授权的严肃性，能为授权决定提供良好的组织氛围并给予受权者更大的权威。作为组织权力结构的调整，授权是组织中的重大事件，一些就关键性任务做出的授权往

往关系着组织的前途和命运。

正式授权必须遵守一定的规章制度，才能与组织目标相符，才能让组织成员接受。

微软公司管理的一个独到之处就是授权，而且不管是高层还是低层管理者，他们在对一些重要工作进行授权时总是按照严格的授权程序去做。这一切与微软公司特殊的历史、文化有关，早期的微软主要由软件开发人员组成，强调独立性和思想性。所以公司在授权给受权者时总是能考虑到受权者的实际情况，并定出相关的授权制度等。这些制度规定受权者在本人权力许可的范围内可自由发挥其主观能动性。这样的授权方法虽然没有具体授权，但它几乎等于将权力大部分下放给受权者。这种方式的优点在于能使受权者在履行工作职责的同时，实现自我，充分发挥主观能动性和创造性。但由于这种授权有一定的制度要求，所以授权对象都要有较强的责任心和工作能力。

由于微软充分应用互联网，全球范围内每个竞争领域的成本和赢利等数据和信息变得透明，所以每个员工在接受授权工作时，公司总会把相关的授权制度在本公司的网络上共享，这种方式不但增加了受权者的责任感，还为授权工作营造了一定的工作氛围。

微软在对员工授权前就应建立相应的授权规则，这样在鼓励员工创新的同时，又能让员工对工作产生责任。正式授权，有相关的授权规则存在，能让员工认为管理者对所授权的工作很重视，这样员工才能把工作当成自己的事业一样去经营；主宰工作，而非让工作主宰。

一般来说，正式授权能够满足组织各项工作的需要，可以涵盖绝大部分的需授权完成的事务。但是，也有一些事情可能由于过于紧急，来不及履行正式授权所需的各种手续；或者太过于细微，与组织的目标和主要业务关系不大但又不可缺少，不需要大张旗鼓地去授权。

非正式授权是正式授权的补充，具有较大的灵活性，是企业面对变幻莫测的社会和瞬息万变的市场可以避免的一种管理手段，可以提高组织对紧急事务的处置能力和应急能力，使企业发展更能适应市场的变化。

张小姐是某家旅行社的导游，她由于工作表现突出，被安排专职做老年团的导游。2015年"五一"期间，张小姐接了一个外地的老年旅游团，几天来，由于张小姐的服务热心、贴心，使得这些老人都玩得非常开心。旅游的最后一天，公司安排大家去爬长城，由张小姐陪同前往。

当车刚到昌平时，其中一位老人心脏病突然发作，可旅游团又没有随行医生。张小姐立即和公司领导取得联系，请示该如何处理。公司领导授权张小姐全权负责，一定要在最短的时间内把患者送到附近医院，所有医疗费用由公司出，公司立即派人去送钱。至于耽误旅游团成员的旅游时间所引起的其他事情则由公司负责，张小姐只负责向旅游团成员解释原因即可。张小姐在向旅游团成员解释原因后，立即要求司机师傅改变方向，直向附近医院驶去。

案例中旅行社对张小姐的授权就是非正式授权，由于当时是突发事项，事情又非常紧急，根本不允许采用正式授权，所以管理者用非正式授权的方式授权张小姐全权去处理，为挽救病人的生命争取了时间。

非正式授权省略了正式授权中的许多环节，但却不是对组织规则的违反，而只是授权规则在特殊情况下的变通。然而正因为它是对正式授权的变通，管理者在进行非正式授权时更是要慎之又慎。

七、职位固有的权力不需要授

尽管大多数管理者的短板都在授权不足，但还是有个别的管理者授权过多，而有些工作是完全不能授权的，还有一些职位固有的权力是不需要授的。以下这些权力，管理者是不需要授的。

1. 人事或机密的事务

人事方面的决定（评估、晋升或者开除）一般来说很敏感，而且往往难以做决定。一旦有些人事工作需要保守秘密，那么这份工作和职责就应该是管理者自己的。

2. 关于制定政策的事务

你可以在政策制定的一定范围内授权，但绝不要授权给他人实质性的政策制定工作，因为政策会限制相关的决策制定。在规定的、有限的范围内，你可以授权他人承担一些制定政策的任务。

3. 危机问题

危机会不可避免地发生。如果真的发生了，管理者必须肩挑这个重担，找到解决方案。这不是你该授权的时刻。当处于危机的时候，管理者要保证自己在现场起到一个领头的作用。

4. 下属的培养问题

作为一名管理者，主要职责之一就是培养直接向你负责的下属。更准确地说，你的职责是去创造条件，令你的下属在和你共事时能使他们自己得到发展，你的下属应该在他们的成长和发展过程中得到你的帮助。他们依赖于你的经验、你的判断、你对组织和组织需求的了解来辨别对他们成长有帮助的工作。这不是你该授权的工作，尽管你可以从他们那里得到一些帮助，但这是你的职责。

5. 公司领导分配给你亲自做的事情

你的顶头上司叫你亲自做一件事情，可能会有他特殊的理由。如果你坚定地认为将它再授权给你的一个下属去做是正确的话，先和你的上司商量一下。先弄清楚他是让你做还是让你给别人做！错误的理解可能会使你和上司之间的关系变得紧张，所以一定要先弄清楚上司的要求。

当然，这些关于什么该授权、什么不该授权的事务只是一般性的建设性的意见并非一成不变的定律。它们对你决定一项任务是否该授权应该有帮助，但是你必须根据自己的情况来做决定。依据这个基本原则，有些任务你应当授权，但有时个别的或特殊的情况可能需要你自己去完成。例如，你可能有一项常规性任务非常适合授权，但是明天就得完成，你没有时间去培训别人，只有自己做。不要太过于小心翼翼，如果利弊似乎相当，那就大胆地授权，并监控其发展进程。如果你有些担心，你就自己多参与一点，但是不要停止授权。随着经验增多，你的授权会更有技巧。

八、授的是"拍板权"，而不是负担

为了使受权者更好地完成工作任务，授权时必须给予他们一定的权力，包括了解信息、分配资源、动用经费、组织人员、灵活安排时间及一定的决策权等，让受权者在自己的权限范围内享有独立决策的自由。但是授权不是授责，管理者对于自己的所有工作——授权的工作和未授权的工作都负有最终的责任。

某超市的李经理要采购员到山西去采购一批干果，他说："你明天去山西，进一些干果。"然后转身就走了，采购员想问如何进法，可是经理已经钻进自己的小车，没理会他。

采购员不知道要进什么、进多少、向谁要钱，于是去找负责财务的副经理，答复是需要进货单才能提钱，他又去找负责干果销售的售货员想向她了解需要进多少货，但销售员说经理没指示，她不知道具体要进多少货。

采购员在公司好几天没有见到经理，一直没办法去山西采购。等到李经理回来时干果已经断货几天了，经理找到采购员大骂一通，说他竟然不执行命令，无故拖延进货时间，应当为超市的损失负全部责任。采购员有口难辩，非常委屈，他觉得这不是他的错，但是经理又不听他的解释。

这就不是一次成功的授权。当你给受权者分配任务时，千万别忘了：授权并不意味着成败与你无关，你永远是最终的责任者，也应勇于承担授权的责任。无论授权与否，管理者都对自己所有的工作负全部的、最终的责任。

有些管理者常常会犯这样的错误：他以为他已经对受权者进行授权了，授权的工作已经完成了。其实授权不是这么简单的事，授权包括从最初的选定授权对象把权力授给他，到受权者执行权力完成工作的过程，对受权者工作的帮助、指导及管理者对受权者的监控，防止权力滥用等多个环节，都一样是授权者应该承担的责任。

广州某电器公司是新成立的一个小公司，在短短的两年时间内就迅速地发展起来，速度令同行非常吃惊。公司老板认为自己公司能够快速发展的根本原因在于团队的整体战斗力。他公司有一个规定：管理者必须把权力下放，但责任不能下放。比如，销售部门一共有六个人，每个人都能代表这个部门出去谈业务，但出了问题，责任是部门主管一个人的。别人看一个部门也是看群体能力，部门主管有责任使每个人不断提高。

这样一来，公司里的每一位员工都在自己的权限范围内享有独立决策的自由权，员工以公司主人的态度从事工作，并且对自己的决策在自己能够承受的范围内承担责任，充分调动了每位员工的积极性，提高了整个公司的效益。

总之，授权者授出去的是权，不是责。只有坚持这样的原则和认知，管理者的授权才可能是成功的授权。

九、授权与分权的区别

优秀的管理者都是善于授权的人。我们知道，授权就是上级把组织的部分或全部权力授予下级。分权是指组织的管理者将原来由自己独立执行的权力进行分解后的其中一部分或将自己原来执行的多项权力中的一部分，交由组织其他成员代为执行的行为。

"授权"与"分权"是既有区别又有联系的两个概念，所谓"分权管理"，是把权限分散到企业组织的中层和下层。分权管理反映在经营组织上，就是实行分权的组织。一般来说，分权管理的组织多是具有经营自主性的组织。分权组织能从别的部门和最高经营阶层的制约中解放出来，它可能有自己的市场，能自主地进行经营活动，实行独立的经济核算，计算盈亏。

从权利分散的角度来看，"分权"与"授权"具有某些相同之处，但"授权"更强调在经营组织内部，上级根据下级的目标任务授予下级处理某些问题的决定权，而下级没有独立的经营自主权。授权应注意以下问题：

1. 授权不同于代理职务

代理职务是在某一时期依法或受命代替某人执行其任务，代理期间相当于该职，代理职务与原职是平级关系，而不是上级授权。

2. 授权不同于助理或秘书职务

在授权以后，受权者应当承担相应的责任。助理或秘书只帮助管理者工作，而不承担责任；授权的管理者依然应担负全责。

3. 授权不同于分工

分工是在一个集体内，由各个成员按其分工各负其责，彼此之间无隶属关系；而授权中，授权者和受权者有上、下之间的监督和报告关系。

4. 分权比授权更进一层次

分权比授权更进一层次，即先有授权，如果受权者能胜任，才可能出现进一步的分权。

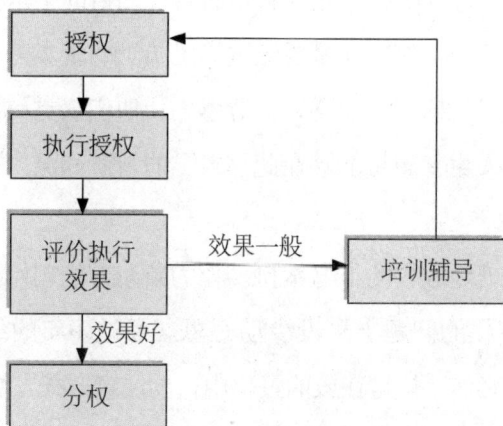

图1　从授权到分权的操作流程图

因此，如果管理者需要对下属分权，则从授权到分权应遵循相关的操作流程，才能保证效果。

十、授权与放权的区别

狭义的授权是指管理者根据工作的需要，将自己所拥有的部分权力和责任授予下属去行使，使下属在一定制约机制下放手工作的一种领导方法和艺术。

广义的授权也包括放权。放权是把本应属于下级的权力归还下级，以便上级集中精力处理更高层次、更广领域的管理工作；同时，也有利于下级积极主动地、机制灵活地处理好自己职责和权限范围内的工作。

一般情况下，授权这一概念是在其广义上被使用；严格的授权应按其狭义理解。

放权是为了更好地收权。企业管理者管理的目的不是要用一些制度监督、逼迫员工去完成工作，而是要通过满足员工的基本需要来达到目的，设法满足他们的成就感、归属感、自尊感，让他们感觉到自己的能力是被认可的，自己的人生梦想是能够在此靠自己的智慧和努力来实现的，从而竭力为企业服务。

新东方集团就是放权的很好案例。作为新东方的创始人兼掌舵者，俞敏洪在对下属放权的问题上可没少动心思。经过多年的经验总结，他认为，放权是一种必然，只是在放的过程中，要注意方式方法。

俞敏洪说："随着新东方不断发展壮大，职业化、规范化的改革坚定不移，新东方就必然也必须告别'个人英雄主义'的时代了。"

新东方有数千名授课教师，这是企业最核心的"资产"。到底该如何管理这些知识分子以便有效授权呢？

俞敏洪是这样做的：首先，在理念和行为上进行积极引导与道德约束；其次，要让大家知道，新东方所能承受与宽容的底线是什么。他认为："我们不可能也没必要全天候监控授课老师的行为，但是，职业操守准则以及各职位的职责，我们会宣贯到所有教师。"

为什么要这么做？当然是为了维护新东方制度的严肃，让大家在划定的权力范围内做事，这样放权的效果才能体现出来。在放权方面，俞敏洪从来就没犹豫过，他认为一家企业要想发展壮大，就必须懂得放权管理。新东方在全国有数十个分校，集权与分权在新东方是统一的。人事权放给分校负责人，总部只负责分校校长的任免。财务权还由总部控制，但绝大部分经营权已经下放到分校，对分校的要求是必须与总部在战略、目标、文化等方面保持高度一致性。

比如，周成刚是新东方的常务副总裁，所有分校的项目、业务归他管辖；陈向东是新东方的高级副总裁，所有分校的管理者归他管辖。俞敏洪只负责新东方整体的系统建设与战略规划。

俞敏洪说："早前，我们进行组织体系改造时，我把总裁位子让出去了，那段时期，总裁办公会、董事会我参加得比较少。放权的苦与乐我都经历过。关于放权，我没有犹豫。"俞敏洪强调："长期来看，放权是一种必然，但放权也不是一蹴而就的，这些年我一直在强化人才梯队建设。放权之后，公司要稳健前行，不能产生业绩滑坡，这是放权的前提。目前来说，处于放权和集权的中间状态。对于新东方而言，精神上对我的依赖是日渐强化，管理上对我的依赖是在逐渐弱化。"

放权的结果就是要让下属全都行动起来，充分利用自己手中的权力，完成自己的工作，使之趋于完美。而授权就是权利下放，要有监控，不能放任自流。

授权工具箱 授权程度测评

工具1：管理者授权程度的测评

表2 授权程度测评表

序号	问题	选 项	
1	习惯于行动之前制定计划	是	否
2	经常出于效率上的考虑而更改计划	是	否
3	能经常收集他人的各种反映意识	是	否
4	实现目标是解决问题的继续	是	否
5	临睡前思考筹划明天要做的事情	是	否
6	对事务的联系、指示常常一丝不苟	是	否
7	有经常记录自己行动的习惯	是	否
8	能严格制约自己的行动	是	否
9	无论何时何地，都能有目的地行动	是	否
10	能经常思考对策，扫除实现目标中的障碍	是	否

分析说明：

你回答的"是"越多，表明你的管理能力越强，也说明你是一个很用心的人，而且言必行、行必果，如果能在合适的时间找一些合适的人帮你做一些事，你的工作效率会更高，你被提升的机会也会越大；你回答的"否"越多，就说明你的管理能力还有待培养，此时的你更应该找几个得力助手，授权给他们，让他们帮你分担一些你的忧虑。

工具2：测评你授权的工作是"多"还是"少"

表3 授权工作"多少表"

序号	每周安排的活动	活动性质	占据工作时间的比例（%）
1	浏览各种文件	具体操作性活动	
2	日常行政事务	程序性活动	
3	开发新产品	专业技术性活动	
4	参加会议	具体操作性活动	
5	撰写计划方案	具体操作性活动	
6	制定计划	决策性活动	
7	做下属的思想工作	事务性活动	
8	与各部门进行沟通协调	事务性活动	
9	做出公司发展战略决策	决策性活动	
10	陪同合作伙伴参观	形式性活动	
11	与其他公司领导打高尔夫球	形式性活动	

分析说明：

一般来说，越是高层的管理者，从事形式性活动所占的时间越长，需要授权越多；管理层级越往下，从事具体操作性、程序性的活动越多，需要授权越少。审阅文件、撰写计划方案、参加各种会议等都是相对具体的工作。代表公司做下属思想工作、制定计划、做决策和与外界进行交流等则是相对形式化、事务性的管理工作，如果管理者发现自己在具体工作上所花时间过多，则必须审视是工作正常需要这么安排，还是自己授权不够。

第三章

现代企业管理中的授权价值

时代的发展让管理者不仅要掌握"做事"的方法，而且要学会"让人做事"的艺术，也就是授权的艺术。并非所有的授权都能够获得成功，有的授权在中途就失败了，有的授权结果不尽如人意，授权不仅是管理的一项职责，也是一门艺术。

一、授权经营有助于整合资源

提到授权经营，很多人会认为授权经营是企业管理者的事。但是，很多成功的企业都是把整合资源、承担责任的任务交给了员工，让每一名员工都将企业的事当做自己的事。

授权经营有助于整合资源，授权经营的目的之一就是为了将资源整合起来，从而更有利于企业发展。授权经营可以整合的资源包括观念资源、梦想资源、机制资源、技术资源、社会资源。

1. 观念资源

经营企业就是经营观念。迪斯尼公司经营的是快乐的观念，同仁堂经营的是健康的观念，苹果公司经营的是创新的观念，沃尔玛经营的是"帮顾客节省每一分钱"的观念，奥林匹克运动会经营的是"更高、更快、更远"的观念，绿色和平组织经营的是环保的观念……这些企业和组织之所以优秀，很大程度上是因为他们经营的观念契合和满足了客户与社会的需求。而因为"三聚氰胺奶粉事件"轰然倒塌的三鹿集团，很大程度也是因为它的观念早已出了问题。

那些认为经营企业是为了自己、为了赢利，因而不择手段的企业管理者，他们的企业往往走不长远。其实，企业的目的是为了满足客户的需求，赢利是客户对企业的回报，企业为客户创造价值是"因"，获得利润是"果"，如果将因果的观念颠倒了或者曲解了，这些企业就做不大、做不强，甚至面临倒闭。

2. 梦想资源

授权经营中可以整合的第二个资源是梦想资源。

梦想资源是授权经营要整合的重要资源。当然，梦想不只是个人的，也是社会的、世界的。在几乎实现了让每个人都用上电脑的梦想后，比尔·盖茨投入了慈善事业，因为，他还有一个更大的梦想，那就是改变人类的生活。当一个人把自己的梦想跟整个社会和世界联系在一起时，这个人就不再是一个普通人，他就会利用一切可利用的条件整合全社会、全世界的资源，从而实现自己的梦想。

3. 机制资源

授权经营还有助于整合机制资源。同样是举办奥运会，为何蒙特利尔奥运会亏损巨大而洛杉矶奥运会却有盈余呢？很大程度上是因为机制发生了变化。授权经营可以整合机制资源。通过授权经营，企业可以将各种机制充分调动起来，从而创造良好的效益。深圳的快速发展也是一个充分利用机制资源的例子。三十多年前，深圳还是一个普通的小渔村，由于国家给予了其发展上的特殊政策，深圳将各种生产要素整合起来，充分调动了机制资源，最终发生了翻天覆地的变化。

4. 技术资源

授权经营可以整合的第四个资源是技术资源，而技术资源可以直接转化为生产力。

现在很多企业尤其是跨国公司都非常重视产品的技术研发，但是著名的宝洁公司却把它的技术研发工作外包给了其他公司，人力资源开发工作也选择了外包的方式。宝洁公司将重心放在品牌建设上，把整合资源的能力完完全全放在品牌经营上。其实，宝洁公司的这种外包行为就属于授权经营，通过授权经营，将公司的一些业务外包给其他公司，从而将主要精力投注到更有价值的事业上。

再通过一个例子来了解授权经营是如何整合技术资源的：在沃尔玛，假如一双耐克鞋的价格是100美元，每销售一双耐克鞋，中国工厂只能拿到10％的加工费，而另外90％的费用都被技术研发阶段、营销阶段或其他阶段的人员赚取了。也就是说，当前的资源整合已经从过去简单的生产资料整合发展到技术资源和市场资源的整合上。

5. 社会资源

授权经营可以整合的第五个资源是社会资源。以给大熊猫"团团、圆圆"起名字为例，为"团团、圆圆"起名字的过程就是一个通过授权、整合社会资源的过程。大熊猫是我国的国宝，过去是由一些专家或者领导给大熊猫起名字，而2006年1月28日，通过中央电视台春节联欢晚会一亿人次的投票，遴选出两只赠台大熊猫的名字却动用了全社会的资源。

以此为例，在整合资源时，企业可以通过授权与其他企业合作，充分利用社会上提供的资源，实现收益更大化。

二、授权经营有助于分担责任

在传统企业中，员工唯企业管理者的命令马首是瞻，一切听从企业管理者的，他们认为企业管理者都是万能的，遇到问题都去找领导解决。企业管理者也习惯介入到员工的具体工作中，他们担心员工处理不好事情，对员工也有求必应。员工每每遇到问题时，领导就从指挥塔中走出来，充当救火队队长。在这种环境下，员工就养成了"等、靠、要"的工作习惯，也没有得到承担责任的机会。而领导由于工作量增大，大事小事都要管理和解决，工作质量和效率自然会降低。

企业不只是领导的，还是全体员工的。企业管理者与员工的关系不是对立的，而应该是相互依存、相辅相成的。在企业中，研发部门、采购部门、生产部门、营销部门、市场部门、服务部门、人力资源部门以及行政后勤部门都是企业价值链的服务节点，而不是应该讨价还价的小团体。

因此，企业发展的责任不应该只落在领导身上，而应该让各个部门都承担起企业发展的责任。授权经营就是为了让全体员工承担起责任，不仅承担自己所在部门的责任，还要承担其他部门的责任，从而形成团结合作的工作氛围。

授权经营有助于分担责任，这些责任包括经营责任、思考责任、决策责任、合作责任、创新责任以及监督责任。

1. 经营责任

沃尔玛的愿景是"为顾客省钱，使他们生活得更好"。在沃尔玛，员工是企业最大的财富。在什么地方开店、需要进哪些商品不是由美国总部说了算，而是由当地经理说了算。理由很简单，谁最接近市场，谁最接近客户，谁最有发言权。

沃尔玛把经营责任落实到普通员工身上。在沃尔玛，最普通的员工都有调整商品价格的权利，就是因为他们最了解市场、最了解竞争者。

授权经营在分担经营责任时，经营权需要逐步下移。当然，还有一些非常优秀的企业管理者心中有这样一种想法：他们认为创建企业不容易，所以不放心把事情交给别人去做。不放心别人，实际上就是不放心自己。我研究了很多成功的企业管理者，发现他们有一个共同的特点，就是不怕失败。没有失败怎么会有成功呢？毕竟，人生不可能随随便便就成功。在授权经营过程中，企业管理者应该放下架子，把经营权逐步下移。当然，分担责任不是一件一蹴而就的事情，而是一个循序渐进的过程。

2. 决策责任

很多企业中的大小事务都由领导做决策，即使员工要购买一件普通文具都需要领导签字确认。一位总经理，拥有十几亿的资产，但是员工想购买一个149元的马桶都要他签字批准。有时候，员工出差需要订机票、安排住宿，他也一手包办。试想，如果企业的大小事务总经理全部都做了，其他人还做什么呢？企业是大家的，企业的责任应该由大家一起承担。

前文介绍过，当沃尔玛超市内商品的价格高于其他地方时，他们有权调整价格。这种快速调价的行为能够满足客户的需要，也为沃尔玛吸引了很多客户。可以说，沃尔玛是"全民皆兵"，将所有人的资源都整合起来了，以应对不断变化的市场环境。

3. 创新责任

世界上很多优秀的公司如3M公司、沃尔玛和谷歌都倡导，创新不仅是公司老板的责任，更是员工的责任。通过授权经营的方式，企业管理者可将一些权力下放给员工，充分调动员工创新的积极性。

3M公司是这样鼓励员工创新的：当员工提出一个新的产品开发方案

后，公司会让方案提出者自己选择合作伙伴，组成一个行动小组，进行新产品的研发。而员工的收入和职位晋升也与新产品的进展情况挂钩，那些特别优秀的员工总有机会独立领导自己的产品开发小组或部门。

不仅如此，3M公司还要求研究人员、推销人员和管理人员经常接近客户，邀请客户对产品提出改进建议。在这个过程中，创新责任就从公司延伸到客户和社会中。

让员工承担公司的创新责任相对比较困难，但是，员工是"一线CEO"，他们掌握着最真实的客户信息，要充分调动他们的创新积极性。然而，在一些企业，企业管理者不愿意授权给员工，导致员工即使有想法也不能实施。我在给一家比较知名的热水器厂的员工培训时发现，该厂的员工很想创新，却没有创新的条件，原因就在于这家热水器厂的企业管理者不愿意赋予员工一定的权力。

企业管理者应该明白，自己接触的市场范围毕竟是有限的。如果与客户接触最多的员工什么事情都要按照企业管理者的意思办，那么就会从根本上扼杀了员工创新的可能性。真正优秀的企业管理者应该将权力授予员工，让员工承担起创新的责任。

真正的智慧来自实践、来自员工、来自客户。当然，有创新必定也有失败，爱迪生在发明灯泡之前，曾试验过上千次。当别人嘲笑他失败这么多次时，他却回答说这不是失败，这只是证明了一千多种方法不可行。也就是说，知道了不可行的方法后，就可以越来越接近目标。当企业管理者不允许员工创新时，实际上就已经扼杀了企业的创新能力。

4. 监督责任

一些人认为企业的监督责任应该由企业管理者承担，而员工不需要承担这份责任。但是，在当前的市场环境下，员工是企业的主人，企业管理者应该将监督责任直接交给员工。

在丰田公司，"安东"绳是一个非常重要的设置。每个工位上方都有一条与工位等长的细绳，被称为"安东"，工位上的作业者遇到无法解决的异常情况时，可以马上伸手拉动"安东"，线上的班组长就会前来处理。当发现质量问题时，任何一名员工都有权叫停整个汽车的生产流水线，以防止有质量问题的产品进入到下一个工作流程。

员工为什么有这么大的权力呢？其实，这是丰田公司授权的一种方式，将执行权交给员工，让员工承担起监督产品质量的责任。当每名员工都在认真落实监督责任时，丰田公司的产品质量就可以得到很好地保障。

通过授权，企业在赋予员工监督权的同时，还可以避免问题的发生。重庆的一家电脑公司就曾经发生过这样一件事：一家分店的六名店员几乎同时举报另一名店员私藏促销礼品。当时，这家分店总共有七名店员。这就说明，当每名员工都承担起监督责任时，问题很容易在刚刚萌芽时就被解决。

监督责任人人都要承担，人人面前都是平等的，这不仅对于员工而言，对于企业管理者同样有效。

三、授权可以使管理者从工作中解脱出来

授权可以让管理者从本不属于自己的繁杂的、事务性的工作中解脱出来，专心致力于研究企业发展战略、领导决策、沟通协调和检查督导企业重大的、方向性的工作。

管理者一方面要积极主动地去应对各种挑战，另一方面又要避免把精力浪费在无关紧要的事情上，管理者解决这种两难困境的关键就看其是否

懂得合理地授权。

授权作为一门管理艺术，需要管理者有非常好的把控能力。授权做得好，管理者可以省出很多时间去做其他的事情；授权不当，那么任何工作都要亲力亲为了。管理者具体该如何做呢？

1. 学会把握授权的时机

作为一个想要将企业发展壮大的管理者，假如发现自己总是在重复地做一些无关紧要的事情，或总是费劲地去做一些自己并不擅长的事情，导致有关组织竞争力与发展状态的重大事项总是被耽误时，就应当认真考虑授权问题了。

（1）制定清晰而又有所取舍的详细计划

授权作为一种管理模式，体现着管理者的管理、指挥及社交艺术，它需要管理者首先能够较好地安排自己的工作，在工作中有严谨的计划，能够较好地认识自己究竟该做什么，从而认识到什么事情应当授权他人完成，什么事情必须自己亲自去做。

（2）具备敏锐的洞察力

洞察力是管理者善于发现人才，善于了解下属的特长和能力，从而为需要授权的事情寻找到合适的人选。

（3）授权要配合良好的协调沟通能力

管理者要顺利实现授权，就有必要获得下属的绝对信任，善于激发下属的工作热情，擅长协调各部门以及个人之间的利益关系，对各种资源和信息进行合理地安排，从而使下属与自己团结一心，时刻充满完成任务的激情与信心。事实上，这种处理人际关系的艺术是管理者在实践中用心揣摩的结果。

（4）对什么样的事情可以授权要有充分的把握

究竟什么事情能够进行授权，对于肩负不同责任的管理者而言是有很大区别的，但有一点适用于所有管理者，即管理者的主要任务是指制定计划、做出决策、沟通协调及领导、指导以及过程控制。将这五项职能作为工作的重心，那些日常行政事务、生活后勤性事务及一些简单的程序性事务等属于日常杂项的事情则完全可以交由他人执行。企业领导者对于决定的执行与操作通常具有专业性和技术性，这也不属于专职的管理者应当亲自去做的，哪怕自己熟知这种专业和技术，管理者应负责的主要责任只能是监督和检查，以及对受权者在执行过程中的疑问做出合理的解释或决定。

采用以上种种做法，管理者将日常性事务及操作性事务交给受权者去做，而自己专注于思考与企业前途命运相关的战略、目标、计划及策略等重大问题，专注于决策、沟通、协调、指导以及选拔人才等重要事务，从而使组织内部分工合作、人尽其才。最后，由此拟出公司开拓该区域市场的可行性报告，经过一段时间的考察和努力，管理者的成功就指日可待了。

这种授权对目标和工作程式并没有切实可行的计划，只不过是一种试探性的任务。接受任务的人主要倚仗自己的努力或创造力尽可能地去完成任务，而完成任务的过程恰好就是授权者不断成长的历程。当给下属安排的任务圆满完成时，就表明他已经成为在解决同类问题方面能够独当一面的人才，足以委以重任了。哪怕他没有成功地完成这次授权的任务，只要他认真地去执行了，下属也会从中学到许多由普通授权无法学到的东西，为将来的独当一面做准备。

2. 适时地进行授权发布

授权发布的重要性常被管理者们所忽视，管理者们经常并未仔细考虑过该以怎样正式的形式将权力授予下属，在他们看来，关键的事情是让受权的下属去做这项工作，其余都并不重要。事实上，无论是出于粗心还是出于事情紧急，或者是出于认识上的误区，管理者们从授权发布时候起，就常为后面下属完成任务埋下了许多麻烦。

来看这样一位自认为自己很开明的管理者是怎样发布授权的：每次他向下属交派一项任务时，他总是说："这项工作就全拜托你了，你可以全权负责，月底前将结果告诉我一声就行了。"乍一看，这位管理者显然非常信任他的下属，并给了下属极大的自主权，使其不受约束。按照其自己的意愿放开手脚地去做。但实际上，他的这种授权法会让下属感到："无论我怎么处理，中层管理考都不管、都无所谓，看来这份差事并不怎么重要嘛。"很显然，下属有这样的想法后，通常都不能使工作达到最好的效果，管理者的期望也就会落空。

客观地说，这种令人啼笑皆非的结局不能简单地归结为上下级之间的误解，问题的关键在于这位管理者授权时并未意识到，授权的具体内容固然重要，但发布授权时的态度、语言等对受权者来说也很重要，同样不可小视。

那么，怎样才能做好授权发布的环节呢？

（1）管理者授权时，不能仅仅站在自身的立场上去看待问题、思考问题，而应该善于站在下属的位置上，从下属的心理角度去思考授权可能会带给下属哪些好处，去思考授权对下属的意义有多大，这样才不至于在两者之间出现巨大的反差。

（2）管理者需要把该说明的问题都向下属说清楚，这通常包括三个要点：①我希望他们做什么？比如，管理者会对下属说："我希望你代我安排下一个展销会。"②为何要这样做？比如，管理者会说："我发现在会上主动接触顾客对介绍我们的新产品很有效。"③这样做需要怎样与整体配合？比如，管理者说："展销会是我们推销策略中的主要环节，相当重要，它可以令我们根据不同顾客表达的具体意见，跟进并照顾他们的兴趣。"

阐明这三个要点之后，接下来管理者就应向下属交办工作任务了，在交办工作过程中要与下属进行充分沟通与协调，以致于让工作得以顺利进行。

掌握好授权的方法与技巧，管理者就可以从忙碌中的日常事务中解脱出来，去做企业中其他的更重要的事情。

四、有效授权可以鼓舞和激励下属

授权受到阻碍的因素大致可以归结为：对下属不信任、害怕削弱自己的职权、担心失去荣誉、过高评估自己的重要性等。但权力集中制就能有效解决上述问题吗？正所谓"条条大路通罗马"，只要问题最终被有效解决，管理者完全可以放心授权下级来处理烦琐的事务。更何况，下属在一线实践中有可能会寻找到更科学、更完善的解决办法。有的管理者害怕授权会导致下属失控，然而实际上，只要保持有效沟通，采用"书面汇报制度""管理者述职"等诸多手段很少会出现失控的场面。

如今，高明的管理者更注重合理地授权给下属，提高组织效率。要想实现战略目标，实行公司化的正规管理，管理者必须得转变意识，敢于授权，甘于授权。

学会调动下属的积极性，使他们自觉地为共同目标而努力奋斗，是现代企业管理者提高工作成效的关键所在。其中，授权是有效的激励方法之一，因为授权意味着让下属自己做出正确的决定，意味着你信任他，意味着他在和领导共同承担责任。当一个人被信任的时候，就会迸发出更多的工作热情和创意。因此，管理者最好不要每一项决定都由自己做，完全可以授权的事也不要自己去做。管理者要扮演的角色是支持者和教练。

唐拉德·希尔顿是曾控制美国经济的十大财团之一、举世闻名的旅店大王、著名的希尔顿大酒店的创始人。

在希尔顿七八岁的一天早晨，太阳刚刚露面，父亲就出现在房门口，将大约有儿子身高两倍的草耙交给儿子，用愉快的声调说："你可以到畜栏里工作了。"

小希尔顿开始上学以后，做过助理店员、学徒，按月领薪。

在希尔顿17岁的时候，他告诉父亲自己不想读书了，想跟着父亲工作。父亲同意了，对他说："行，在我看来，你应该能成为一名好的正式员工，月薪25块钱，干吧！"希尔顿开始跟着父亲做生意，同时也学着做人。在这个过程中，他被父亲的忠诚、坦率和对人们善意的爱所感染，自己也逐渐走向成熟。在希尔顿21岁那年，父亲把圣·安东尼奥店的经理之职交给了他，同时转让了部分股权给他。在之后的两年间，希尔顿学着处理各种各样的业务，他懂得了如何信守承诺，如何讨价还价，如何与有经验的老顾客做生意，如何在一些紧张的场所中保持心平气和。这些经验和经历保证了他日后的成功。

然而，在这段时期中有一件事令希尔顿非常生气，那就是父亲经常干预他的事情。一方面是因为当时他非常年轻，父亲还是不信任他，另一方面也许是因为父亲认为家族事业尚未稳固，经不起因儿子可能的失误而带来的重大打击。或许由于希尔顿经历了一段无职无权、受父亲制约的日子，所以在父亲任命他之后，在选拔人才的时候他非常谨慎，一旦认定某人可担大任必然会授予其所有的权力，他的任务就是看自己的决定是对是错。

在希尔顿的旅馆王国之中，很多高职人员都是他亲自从基层中选拔上来的。因为他们的经验非常丰富，所以在经营和管理方面表现都是非常出色的。对于自己提拔上来的人希尔顿都十分信任，而且授权让他们充分发挥聪明才智，大胆负责地工作。如果他们之中有人犯了错误，他常常单独把他们叫到办公室，先鼓励安慰一番，告诉他们："当年我在工作中犯过更大的错误，你这点小错误算不得什么，凡是干工作的人都难免会出错的。"然后，他帮助这些人分析犯错误的原因，找到解决问题的办法。希尔顿为什么能对犯错误的下属采取宽容的态度呢？因为在他看来，只要高层管理者的决策做对了，即使下属犯错误也不会产生太大的影响，没有必要对下属进行一味地责备，而如果不断鼓励他们，会提高他们工作的积极性，为企业发展更加尽心尽力。

让手下的全部管理人员对他信赖、忠诚，对工作兢兢业业。认真负责是希尔顿的处事原则。

在授权的时候，下属因"被授权"而感受到被信任，受到鼓舞和激励，才使得公司上下充满和谐的气氛，在这种环境中工作，员工更加积极努力，促进企业更好的发展。正如希尔顿那样，在授权中不断辅导他的员工，以增进他们的才能，与此同时，他自身的管理才能也得到了提升。

五、在授权中可以考察下属能力，培养下属

在中国历史上，诸葛亮以其忠诚的品德、高超的智慧、旷世的才能及敬业的精神，帮助刘备匡复汉室，成就蜀国霸业，造成三国鼎立的有利局面，他的历史功勋为后世所传扬。然而，他总是事事亲力亲为、从没有想

到还要培养出治理蜀国的优秀接班人队伍，导致出现"蜀中无大将，廖化当先锋"的尴尬局面，不仅让自己落得个"出师未捷身先死，常使英雄泪满襟"的悲惨结局，也让蜀国成为三国中最早灭亡的王朝。

事实上，企业领导者培养下属最有效的办法就是让下属们在实践中获得足够的历练及提升足够的能力。

孟子说："舜发于畎亩之中，傅说举于版筑之间，胶鬲举于鱼盐之中，管夷吾举于士，孙叔敖举于海，百里奚举于市。故天将降大任于斯人也，必先苦其心志，劳其筋骨，饿其体肤，空乏其身，行拂乱其所为，所以动心忍性，曾益其所不能。"一位惊才绝艳的未来管理者必须经历风雨的洗礼、锻炼乃至磨难，这是承担百年基业大任必然的成长过程。

一切的现代教育、培训都只能协助学习者更快地学会某种观念或技能，而不能替代实际工作带来的丰富体验。杰克·韦尔奇说："花十年的工夫培养一个合格经理的时间不算长。"由此可知，企业接班人的培养是极为漫长的"十年一剑"的过程，必须高瞻远瞩，提前谋划，做好一切准备。

良好的授权关系的建立，可以帮助组织构筑一套科学的人才选拔和培养体系，使组织永不缺乏发展的动力。

1. 通过授权，建立组织内部的人才选拔培训机制

组织的人才选拔机制主要有三个方面的内容：发现、评审与培训。授权在三个方面都可以起到重要作用。

（1）授权为发现人才提供契机。韩愈说过："世有伯乐，然后有千里马。"组织的管理者不但要有经营管理上的才能，还要有善于发现人才的慧眼。但这慧眼不是凭空产生的，它必须借助于一定的载体，授权就是组织发现人才的最佳机会。对每个人都授予一定的任务和权力，等于为员工提供了一个充分展示自我的平台，每个人都会在授权工作中表现出不同

的工作作风、能力和思想。管理者作为整个授权工作的控制者，当然有机会并且应该对每个人的表现进行比较和评价，那些作风优良、能力优秀、思想新颖的人就是应该重点培养的人才，是组织应该着力开发的财富。

（2）通过授权可以评价各类人才。选材必须对各类人才有所评价，才能择优而选。其实，发现人才的过程也是评价人才的过程，两者是统一的。授权工作之所以能在人才评定方面发挥独特作用，关键在于授权工作是建立在目标—任务体系上的。目标—任务体系规定了任务的执行者须具备一些基本的能力，但也仅限于此。在基本能力之外，每个人都能发挥自己的聪明才智，运用创造性思维去完成自己的任务，造成了每个人在工作中有不同的表现，这种差异性使比较和评价成为可能。没有授权，大家就会拘泥于命令和指示，被动地按照常规去执行任务，官僚主义、公事公办，这样不会凸显出人与人之间的差距，只会扼杀创造性的工作方式和表现，也就无法评价和选拔人才了。

（3）授权是人才培训的最佳方式。授权工作作为一种实践，在人才培训方面有着不可替代的作用。组织管理者在确定了培养对象之后，可以根据组织的需要进行授权，锻炼其各方面的能力，特别是统筹管理和沟通协调等能力，从而让受权者在实践中学习、体会，得到直接的管理知识和经验。

2. 以授权工作促进未来领导人才的成长

没有经过授权工作锻炼的人不能轻易委以大任。哪怕这个人表面看起来非常能干，但其实他可能只会纸上谈兵。通过授权锻炼人才应该考虑授权能力的培养和重复的实践经验。

（1）通过授权，可以培养未来接班人人才的业务能力特别是基层领导能力。这是最基本的实践锻炼，后备人才有必要深入了解基层的工作和生活状况，对基层认识不到位的管理者很容易成为空谈家或不切实际的幻想者，也就是"纸上谈兵"的人。因此，作为组织的后备人才特别是未来管理者，首先有必要在基层从事一些直接业务工作，从最基本和最细微的环节全面认识自己的企业，对下层员工的工作、生活及心理状况有全面的把控，从而锻炼自己的业务能力与领导水平。

（2）通过授权，可以培养后备人才的思维能力。良好的思维方式在信息时代是一个管理者最需要的财富，思维方式决定行为方式。所以，让后备人才学会管理者一致的思维方式，并能将之与自己长期生活过程中形成的思维方式相结合，是管理人才培训的关键内容之一。通过授权工作，让后备人才承担一些特殊性的任务，并适当地进行指导，让他们学习一些管理的理论和案例等，可以有效地促使他们自主思考、自主判断。特别是通过模糊授权，在任务、目标、要求都不甚明朗的情况下，后备人才必须依靠个人经验和知识，并结合工作中遇到的实际情况做出决定。这是对人的思维能力的巨大考验，当然也是训练思维能力的有效途径。

（3）通过授权，可以培养后备人才的信息处理能力。管理者的主要工作是处理和加工各种信息，因此，接受信息、处理信息的能力对于一个后备人才来说是至关重要的。这种能力不可能从书本上学到，只能在实践中培养。因此，通过授权，让受培训者亲身致力于信息处理，是培养出色的后备领导人不可或缺的一个过程。让受训人员参与到具体决策或咨询参谋的工作中，每天接触大量信息，使他们学会：①大量快速地接受信息；②准确而迅速地筛选甄别信息；③快速而有效地处理各种信息；④有针对性地反馈信息；⑤针对相关信息迅速果断做出决策并采取行动。

（4）通过授权工作，能够帮助后备人才养成正确的行为作风与工作习惯。一个人的工作作风与生活习惯通常与个人的层次或经历有密切的关系。在企业领导中，不同层次的人也需要有不同的工作作风与习惯。企业选拔人才的过程是一个让被选中者跨越不同层次的过程，最终目的是改变其旧有的工作作风和习惯。缺乏这一工作的经历，人们是无法轻易改变自己长期以来的习惯的。

3. 授权可以用复杂多变的任务磨练人才

要想真正成为企业中某一部门的权威，在业务能力、判断决策能力以及意志力等方面都必须有过人之处。这些能力都需要通过复杂多变的工作任务来锻炼。

（1）授权任务必须有相当的难度。仅凭程序性、执行性授权是很难培养出真正的人才的，授权任务的首个要求就是受权者必须具备与授权要求同等的专业技术或业务能力，必须通过缜密思考与严密计划才能达成目的。

（2）授权任务应是长期的和复杂的。时间与复杂程度对考验人的耐心和意志是非常有帮助的，有能力但没有耐性的人最终也无法成就大事，古今中外历史上，曾有许许多多的著名人物，就是因为急功近利导致了最后的功败垂成，比如拿破仑征讨沙皇俄国、诸葛亮六出岐山等，这些令人扼腕叹息的历史悲剧就是急功近利造成的。同样，有能力而缺乏意志力的人也很难成就大器。因此，授权任务必须要求接受任务的人可以坚持自己的理想与意志，可以理性地面对事情的发展，这些品质能够通过接受长期且复杂的任务加以锻炼来获得。

（3）授权任务应有一定的灵活性。要想持续保持自己的优势，就不能僵硬死板，不知变通。因此，在很多情况下，一个能在企业中独当一面的管理者必须具备灵活变通的能力；不然，一旦遇到突发情况，管理者也许因忙于请示而贻误时机，也许因手忙脚乱而做出错误的判断或决策。

俗话有："穷则变，变则通，通则久。"如果想要使下属尽快成长为独当一面的人才，在对其进行业务锻炼时也要给受权者以灵活多变的任务，使他们可以适应变化，能够对各种新情况进行灵活处理，这种做法是组织创新的根源所在。

未来领导人才的选拔关系到企业能否长期健康持续发展，企业未来的管理者只有在企业授权中不断获得锻炼，不断提升自己的实力，熟悉组织情况，才有机会成为合格的后备人才。

六、授权可以提高效率，降低成本

某企业对开支有这样一项规定：为了对货币资金开支实施严格的控制，在年度预算内的资金预算，财务处长负责审批5万元以下的开支；总会计师负责审批5万～20万元的开支；总会计师签署意见，总经理负责审批20万～50万元的开支；董事会有权对50万元以上的开支进行商议决定。

某天，公司采购部门人员到财务部送来付款申请与相关凭证，要求依照采购合同约定，用转账支票支付上月采购某种货物的款项6万元。

恰巧当日总会计师在外出差未归，负责预算内资金支付的出纳小文请病假在家，小文的个人名章与票据经财务处长同意交由小王保管，但小王平时只负责日常零星开支、与银行对账等小事，不负责支票开立事务。因此，财务处长不得不答复采购处，这笔货款暂时没有办法支付。

然而采购部声称按照采购合同，当日如果没能付款，将支付供货方一定的违约金。在这种情况下，财务处长便着手启动了临时授权程序。

首先，他很快与总会计师获取电话联系，讲明具体情况，财务处长获得总会计师同意先行代签，总会计师出差返回后再办理补签手续。财务处长把总会计师的特别授权意见很快通知到相关复核人员。

其次，财务处长授权小王暂代小文的职权，小文病假回来后再各归其位，各负其责。

最后，向管理公司法定代表人图章的小张讲明情况，获得其支持。这时，特别授权程序才算完成，采购货款才能顺利支付。

应该说在这个案例中的企业在财务方面设置了十分规范的审批程序与权限，这种授权方式对一个企业的稳健经营起到了非常好的效果，因为财务权的特点就在于保守和稳健。

这一案例涉及的企业是一个制度非常规范的企业。总会计师在外出差，负责预算内资金支付的出纳小文因病请假暂时没有办法支付货款，而财务处长只负责5万元的审批权，6万元的审批权掌握在总会计师的手上。总会计师出差期间时原本就应该启动授权，以避免导致因为需要总会计师启动授权程序而增加的沟通成本。这一特殊案例至少给读者三点启示：

（1）授权应该建立在分工的基础上。即财务问题的授权通常情况下应在他们原有分工范围内，这样有利于实现授权的目标，但又有超出原有的工作权限与职责，因而需要启动授权程序。

（2）在企业中如果充分实现向下授权与降低决策层级，将决策点归置于流程内部，从而达到纵向压缩组织、使组织扁平化及充分发挥每一位员工在整个企业业务流程中作用的目的。如此将大大提高工作效率，节约成本。

（3）现代企业流程管理强调打破"在阶层制管理下每个员工被围于每个部门的职能范围内，评价他们的标准是在一定边界范围内办事的准确度如何，从而极大地抑制了个人能动性与创造性"的局面。本着"流程由使用者主导""产生信息的工作与处理该信息的工作应该尽可能地有效结合，而非一分为二""让执行者拥有决策的权力"等管理思想，推行企业管理改革后，在每个流程业务处理过程中可以最大限度地发挥每个人的工作潜能和责任心，流程和流程之间则强调人与人之间的合作精神。

在现代企业管理中，个人的成功与自我实现主要取决于此人所处的流程乃至整个流程是否取得成功。如此一来，势必要求弱化绝对权威制度，创建以人为主体的流程化"有机组织"，在"有机组织"中充分发挥每个人的主观能动性和潜能。这将是"以客户需求为根本、以实现公司目标为导向"的更高境界的授权。这种理念对目前中国的很多企业或组织来说，都将是新的追求与挑战。

七、授权能提高组织创新能力

一个企业的灵魂之源是创新。不管什么企业，丧失了创新能力就意味着丧失了生命力，结果只能是迅速走向消亡。因此，保持与提高企业的创新能力，使企业在不断进步的社会中有能力生存下去，是每一个企业管理者必须放在心上的根本课题，也是管理的主要内容之一。

授权作为企业人力资源与权力结构的重新分配方式，可以从以下三方面促进组织的创新能力：

1. 以授权调动下属主动性

人才是创新的基本条件，因此，要想使企业的创新能力得到提升、创新精神得以继续，管理者首先要做的事情就是激发企业中每一个员工创新的主动性以及内在潜力。用授权工作提高企业员工的工作热情和自主创新的积极性，需要管理者在授权关系中把握以下几个方面：

（1）通过授权，实现公事私人化。将企业中的公共事务细致分配到每一个人的身上，使特定的人与特定的任务一一对应，将大家为企业工作的观念转化成为自己工作或为完成自己的任务而工作的理念，使每一个成员都能用关心自己的注意力去关心企业分派的任务。

（2）使人——责关系固定化。所谓授权，一方面是授予权力，另一方面也是赋予其责任，灵活的授权方式可以使受权者自由决定承担责任的方式，授权任务中本身就包含创新的要求。

（3）目标、责任与利益一体化。授权的一个直接目的就是将企业工作分配给个人，让个人可以以极大的关注力来完成任务。然而，要使个人如同关心自己的事情一般关心企业分派的任务，就必须将授权工作所设定的目标、任务、责任与一定的利益报酬或利害关系联系在一起。只有将创新和利益挂钩，创新才有可能成为动力。

（4）授权任务竞争选择。这是对上一步措施的进一步深化，既然责任和利益扯上关系，授权任务和每个人的利害关系息息相关，就有必要在授权中引入竞争机制，实行能者多劳，多劳多得策略。创新者可以获得一定的额外奖励，不懂创新的人只能获得基本的报酬甚至会被淘汰出局。是否出色完成企业分派的任务会直接对自己的个人利益产生很大的影响，自己在完成企业任务的过程中能否有创造性贡献关系到个人得失，企业员工势必会思考怎样以更快、更好的方式完成企业任务，顺便争取更多任务，获得更多的利益。让个人的创新带动组织整体的创新。

2. 通过授权建立更加灵活、更有适应力的组织结构

授权，意味着权力的下放与分化，意味着原本缺乏决定权与主动权的企业员工可以根据自身的实际情况做出一定判断和决定，自主采取措施应对各种挑战。换句话说，授权可以帮助企业创建一种机制，使企业中的每个人都能自动适应各种突发情况或变化，不需要请示上级就能独当一面。这是创新精神的企业保证，然而，这种结果并不是一蹴而就的，它需要企业管理者做到如下几点：

（1）决策权力下放。作为授权的一个内在要求，下属只有把握一定

的决策权，才能对自己遇到的情况进行快速处理，才会针对自身遇到的难题进行思考，而不是遇到问题时首先想到请示上级。

（2）企业管理者中立。决策权的下放前提是要求管理者保持中立，管理者不能对下层做出的决策随便干预，不刻意随便以是非对错的价值标准评价下层的有关决策。企业管理者只准以资料提供者或意见提出者身份协助下层做出科学的判断和决策。下层的决策只要不是明显错误或有损企业利益，企业管理层都不应干涉。

（3）保证企业信息沟通渠道畅通。大多数时候，企业内部信息沟通渠道的问题总是被企业管理者所忽视。企业管理者中上下不协调，授权效果无法体现出来，通常是由于信息沟通不畅造成的。企业员工只有在能及时获得企业内外各种信息情况下，不断地对自己的工作计划与方式做出适当的调整和改良，才能确保企业的适应能力与创新能力。

3. 通过授权和建立目标体系，发挥集体智慧

现代社会创新通常是集体智慧的产物，比如设计出一个新产品，这不仅是设计者的功劳，同样有营销者及生产者的一份贡献。营销者提供的消费信息与消费者心理状态是产品创新灵感的来源，生产者是创新由构想向现实转变的中介。

（1）授权基于目标体系建立是对各种工作的组合。科学合理的分工组合能确保整体的智慧得到有效发挥，创造出非常好的工作成果。

（2）授权工作需要有竞争和协调机制。这意味着企业中的各种思想能够得到交流与碰撞的机会，在这种交流与碰撞中，通常蕴含着创新的火花。

（3）授权让管理者能从具体事务中逃脱出来，并专注于综合性与战略性的思考，用整体眼光糅合各种思想，产生创新灵感。

每一个员工都或多或少地具备某种创新思想，然而，怎样使思想向现

实转化的创新活动指向的却是制度问题。授权是企业结构工作分工与管理集中的辩证统一，它不仅可以激发个性思维和创新，而且能有效发挥集体智慧，开拓新的视野，是创新机制的重要内容。

八、建立授权的文化氛围

企业中建立了有效的授权制度，就为企业的授权提供了制度上的保障，而要在整个企业中推行授权管理，就必须建立授权的组织文化，让全体下属正确、全面地了解和认识授权的本质及其给组织带来的变化。

一个以生产干果为主的公司因为没有把一些事情授权给下属、让下属办事，而导致效率越来越低，公司客户越来越少。当客户打电话到这家公司就他们最近的提货单询问有关问题时，电话通常会转给记账职员。但是，如果客户同时还想知道他们最近的订货是否已经运出时这个职员却不能够回答，因为发货那边的情况他根本无权知道。每次客户必须询问几个人，才能获得一个简单问题的答案，浪费电话费不说，还浪费了客户的时间，所以客户越来越不满。这就是公司没考虑授权给下属的结果，没让下属承担更多的责任。所以，公司客户越来越少是情理中的事。此外，接一个客户的电话会使好几个职员为之忙乱，公司电话也会经常占线，这当然影响整个公司的工作效率。

公司要想发展得更好，从一开始就要建立起行之有效的授权制度，给下属一些权力，让他们去处理一些他们能处理好的事情。那么如何建立企业的授权文化氛围呢？

表4　企业授权文化要点

要点	详细描述
管理者更新观念	更新管理者的观念，学会大胆地放权，同时要明白授权将给管理者带来真正的好处，管理者要明白授权的注意事项。
对授权工作进行指导	要真正做到团队授权，管理者应当有容错能力和相应的指导体系，这样可以保证授权计划的顺利进行而不是半路夭折。
向下属灌输授权思想	在组织范围内灌输授权思想，使下属敢于接受权力的挑战，敢于承担更多的职责，同时要经常地与下属沟通，了解他们的想法，听取他们的意见，赢得他们的信任。
对下属进行培训	要对下属进行相应的技能和知识的培训，保证授权计划的顺利实施。企业的发展需要一批能适应公司发展形势并具有高素质、高技能的下属队伍，这就要求企业不断地对下属培训，让下属不断地汲取知识，去适应更复杂的工作。
组织内实现共享	要在组织范围内尽量实现知识和信息的交流和共享，实现团队成员的利益共享，以提高团队成员的工作积极性和工作效率。
有效控制和撤回权力	要保证授权的有效控制，保证将来权力的有效运行和在适当的时候对权力的撤销。

授权工具箱 有效授权测评

不管是哪方面的学习，首先你得知道自己目前的程度，你才能把心力专注于最需要改进之处。做完下面的问题，就能确认出自己在授权方面的长处及短处，计划改进之道。

首先得评估自己授权得够不够，再看看自己是否做到最有效的授权。请回答以下的问题，答完每个问题之后，对照得分情况，一一分析你的答案。

这份问卷是对授权技巧作一个整体评估，你可以在现象最接近你实际状况的方格中打勾，譬如说，你的做法刚好介于中间的话，就可以在（3）的方格中打勾。最后，把每个方格中有打勾的分数总加起来，就可得知自己目前授权程度的好坏。

表5 有效授权评估表

	现象	5	4	3	2	1		现象
1a	我认为授予团队成员与他们能力相符的工作很重要。						1b	除非是确知别人故得来，否则我只把自己不想做的事分派下去。
2a	在授权之前，我会仔细评估那人的优缺点，以确保他有执行的能力。						2b	只要团队成员能力够，我会授权得更多。
3a	我所授权的工作通常我做会比较快，但那些工作并不是那么重要。						3b	只要是自己做得来的事，我就会亲自去做，即使会影响到其他要求。
4a	我认为多给下属磨炼机会，可以使他们成长得更快。如果他们能够升迁到更好的职位或另谋高就，我也很为他们高兴。						4b	我想给团队成员进步、提升的机会，但不常这么做。

续表

	现象	5	4	3	2	1		现象
5a	团队中有人做得来，我就绝不自己动手。						5b	我经常做些琐碎的事情。
6a	我总是事先计划授权事宜，知道哪些事情要授权，以及授权给哪些人去做。						6b	我都是等到事到临头，才将工作授权给当时最闲的人。
7a	授权一件事之前，我清楚这个任务的目的、方式及期限，并尽可能与执行者取得共识。						7b	在分派工作时，我一定会告诉团队成员要达成的目标、希望的做法及完成日期。
8a	我认为，依据授权工作的进度做适时修正很重要，并且一开始就应订出缴交进度报告的时间。						8b	只有在我有空时才会找下属来讨论工作进度。
9a	我会严守界线，不干预授权的工作，直到事前订出的检测时日。						9b	一旦得知授权的工作可能出状况，我会马上介入。
10a	工作完成后的检讨，我认为绝对有必要。						10b	不必制订检讨工作的日期，一切待工作完成后再说。

你得多少分？

超过45分：你的授权技巧很好，团队成员应该十分清楚你所希望达成的目标及期限，若是有一、二处未得到满分的话，你或许还能针对这些弱点再加强。

35～44分：你的授权技巧不错，但还可以做得更好。好好思量得分偏低的部分，针对那些地方改进。

25～34分：你对授权这方面的认识并不差，只要再努力一点，就能大幅增进你个人及团队的工作绩效。

15～24分：你的授权能力薄弱了些，得好好下功夫加强。如果你的团队未表现出应有的水准，很可能就是这个原因。

10～14分：你要好好加强授权这方面的能力。因为你的授权技巧不佳，下属能力未能充分发挥，以致团队绩效不佳。或许你得学习如何让团队成员为你分劳。

第四章

有效授权需要技巧

真正好的管理者不一定是自己能力有多强，只要懂得信任、懂得放权、懂得珍惜，就能团结比自己更强的力量，由此提升自己。因此，管理者应不断地进行授权训练、改进自己的授权方式、提升自己的授权技巧。

一、风筝放出去了，要牵好手中的线

用俗话来说，授权就是在工作中"放风筝"。从大的方面来说，授权的成功与否决定企业的兴衰成败；从小的方面来说，它会影响工作的顺利开展。所以，授权是非常重要也是必要的。然而，如何做才能真正做到有效授权、从而有效地放飞"权力"这个风筝呢？

放过风筝的人都应该知道：要想使风筝飞得高，必须要舍得放，只有舍得放，风筝才可能飞得高、飞得远。同时，授权时想想诸葛亮，如果什么事情都亲力亲为，不舍得下放权力，必然使自己感到非常累，同时也无法使员工的能动性得到最大化的发挥。所以，懂得下放权力对于管理者来说是非常重要的。

在一定的范围内，如果风筝放得高，飞得也高，自然是非常好的，同时，从另一方面来说，权力是下放得越大，越能起到大的作用，只要保持在自己可以控制的范围之内，就大胆去放。这样，既可以让下属有足够的权力可用，既便于开展工作，又可以最大限度地减轻自己的工作量，让自己抽出时间做更有价值的事情。例如企业的生产经理，在企业生产过程中，不仅要让助手帮助自己去处理日常生活中的琐事，还要让他帮助自己处理事业中出现的各种问题，只有这样，才能在锻炼助手能力的基础上，使自己有更多的时间做出正确的决策。

授权固然有利，但是授权并不等于放权。其实，授权意味着激励下属承担更多的责任，拥有更多自行决策的权力。因此授权的时候首先应该考虑的就是有合适的对象，也就是那些成熟稳重的下属。他不仅要有承担重任的意愿，同时还要有这个能力，因此授权的第一步是授能，它是培养激励员工的过程。懂得怎样用有效的态度和方式去激励别人，在经理生涯中起着双重作用，你激励别人，别人也在激励你，是互动的成长。从托马斯·爱迪生和他的母亲那里，我们可以认识到：如果你信任孩子，他会做得非常出色，这种道理也适用于员工。如果员工得到了上司的完全信任和赏识，他必然会想尽办法来为公司谋福利，而且也会有很出色的表现。如果得不到上司的信任，他也不会全心全意地工作。所以，在确定目标之后，管理者应该为员工提供更多的指导，如果可能的话与他们一块儿工作，一起完成任务。这样不仅锻炼了下属，而且还提高了工作效率。

在授权的过程中一定要注意跟进，因为情况是随时变化的，如果不注意，风筝线就可能断脱，如不注意及时跟进，出现问题后可能无法挽回。因此，下放权力之后的跟进是非常重要的。

A公司北京地区的张经理未得到代表李月下周（月）已有销售额的数字，但基于他的观察和手上现有的订货资料，张经理确认李月销售状况欠佳，于是张经理马上进行了跟进：一是对李月的工作计划和工作进程进行全面检查，要求其汇报工作过程及其遇到的问题，发现了李月处于信心缺失、缺乏工作热情的状况；二是对李月管辖的商业公司的销售及其回款状况进行了详细分析，弄清了客户回款需要的条件和自己手头的资源分配状况；三是根据这些分析研究结果，马上提出李月的问题及其改进方法，以及协同拜访和解决其问题的方案，马上到其市场去跟踪和协助其工作，李月见到上司亲自督战和协助后信心大增，干劲亦倍增，结果在30日下午顺利完成了销售任务。

跟进的本质就是加强过程管理，你既然布置了工作任务，就一定得有结果，员工做了月工作计划、周工作计划就得执行，如果计划下达后连自己都忘了，或者员工工作计划上交后自己都忘了，久而久之大家就不把工作任务和工作计划当回事，执行力自然就难以提高，很多工作就会推进不力、不了了之，也没有责任人，解决困境最好的方法之一就是跟进。

如何做好授权后的跟进工作呢？

（1）跟进工作的原则有以下五点：适时——问题越早发现越容易解决；有意义——监控那些与达成销售目标有直接帮助的事情；明确——跟进与监控的业务必须是区域经理完全了解和掌握的工作，否则就无法采取有效措施；实际——销售跟进的工作永远不要过于复杂、琐碎；经济——销售跟进工作的花费不要太多，否则会影响团队的效率。

（2）授权后，跟进落实的重点为：管理者要与下属保持联系，及时沟通，并按商定的进度跟进和查找问题；管理者要贯彻授权的决定，不要轻易干预，必要时从旁协助；任务完成后，管理者要真诚地表扬下级的成绩。

（3）在授权过程中，管理者要采取积极的态度：尽量放手，即敢冒一些风险，大胆授权，静静等待下级成果；显示信任，当出现问题时，不要将责任推卸给下属，要公开维护他们，私下再作补救；永远支持，让下属明白，只要他们全力以赴，即使犯错你也会全力支持他们。让下属勇于告诉你当前有哪些问题，避免事情发展到无可救药的地步。

（4）没有检查力就没有执行力。海尔的管理精髓之一就是：日事日清，日清日高。在管理过程中，监察工作的重要性是毋庸置疑的。缺乏对执行过程的跟踪与监控，任何人都会偷懒和执行力乏力。列宁曾说过"信任固然好，监控更重要"，及时对执行结果进行反馈总结，是提高跟进工作的有效手段。

（5）要不断地跟进。管理者要多问自己，今天你跟进了吗？还能跟进吗？不断地跟进、跟进、再跟进，只有在计划执行的跟进过程中，才能够有效地发现规划和实际行动之间的差距和问题，并制定出一套行之有效的补救办法，来达到顺利完成相应的工作的目的。管理者应多参加工作例会，多检查下属的工作，这样下属在执行中才不会敷衍了事。

授权如同放风筝。风筝既要放线，又要有线牵制。光牵不放，飞不起来；光放不牵，风筝要么是飞不起来，要么就是飞上天后也容易失控，并栽到地上。只有倚风顺势、边放边牵，才能把风筝放得更高，放得持久。

二、任务描述——好的描述VS坏的描述

以CRM客户关于管理补充开发为例，分别看一看好的描述和坏的描述。

1. 好的描述

我们是一家销售小礼品的公司，公司的注册地在北京。本公司每笔生意的交易额不大，但是客户数量还是比较多的。希望能够建立一套客户关系管理系统，把客户资源统一地管理起来。

任务内容：①销售管理。日历和日程安排、联系和账户管理、佣金管理、费用报告。②营销管理。营销活动计划的编制和执行、计划结果的分析、清单的产生和管理、营销资料管理、对有需求客户的跟踪。③客户服务与支持。订单跟踪、现场服务、问题及其解决方法的数据库、维修行为安排和调度、服务协议和合同、服务请求管理。

技术要求：①要求在Windows平台上开发。②开发语言要求ASP.NET。③数据库用Access或MySQL。

投标人资质：①有CRM软件的开发经验。②有类似的应用成功案例。③因为涉及后续维护，投标人最好在北京。

2．坏的描述

我们要做一个CRM系统。

任务内容：具有常用的销售管理和营销管理以及客户服务与支持等功能。

技术要求：开发语言要求ASP.NET。

投标人资质：①有类似的应用成功案例。②因为涉及后续维护，投标人最好在北京。

要知道，一个任务的发布，应该让接受者充分了解任务的信息。既然需要说清楚，不如一次就说清楚。我们不能默认别人对任务是了解的，往往越是与自己走得亲近的人反倒会让我们犯错误。我们以为他们知道我们要什么，但事实往往并非如此。

明确授权任务是要让受权者明白要做什么，以及为什么要这么做。所以，授权者要真正明确授权任务，必须：

（1）让受权者明白该项任务在公司战略规划中的地位。这个任务可能是什么计划的一部分，这项任务在整个计划中起到承上启下的关键作用。完成了这项任务，公司的计划才能继续；完不成这项任务，公司的计划可能就要受挫，甚至前功尽弃。让受权者清楚地了解这种利害关系，有助于激励和约束他们的行为。

（2）告知受权者为什么要完成这项任务。授权者授权任务不能让受权者觉得莫名其妙，让他们觉得与公司的业务不相符，这会使他们在执行任务时无所适从、缺乏动力。所以授权者一定要让受权者明白为什么要完成这项任务，完成该任务能给公司和个人带来什么好处，不完成任务公司会有什么样的损失。

（3）清楚地告诉受权者任务的内容、结构、程序。管理者自己必须对任务的主要内容、结构形式有清晰的思路，并将自己的思路告知受权者，让他们知道自己要做的是什么方面的事情，这件事情有哪些特征，可能遵循什么样的因果关系和结构形式，完成任务需按什么程序进行等。

三、授权信任：授人不疑，疑人不授

管理者之所以授予某人权力，是因为管理者信任这个人，授权是信任的结果，而一旦授权就要信任员工，所以，信任又是授权的开始，授权中最主要的是信任，"用人不疑，疑人不用"。没有信任，就不能授权；缺乏信任，就会授权失败。

作为一名合格的管理者，信任和激励下属并不是一件难事，但是有相当多失败的管理者却对授权不知所措，甚至怀疑员工的工作能力。

由于很多管理者对员工的能力不信任，害怕员工没有完全自由运用权力和制定正确决策的能力，所以认为自己亲自解决是最好的。的确，一些公司现有的员工队伍中，由于绝大部分人员是从先前的其他岗位转变而来，确实存在一些人能力偏低的现象，但是，每个人的能力都是在工作实践中锻炼出来的，没有哪个人的能力是与生俱来的，包括管理者本人。

还有一些管理者害怕在授权员工之后容易出错。当然，这种担心是正常也是必要的，因为很多员工并不具备使用权力的能力。但是管理者应该有一定的胸襟，允许员工出错。在授权之后，不能对员工的做法斤斤计较。例如在你学车的时候，教练要给你充分授权，否则你就学不会开车。实际上，教练确实担心你开不好车，怕你出车祸，但同时教练又不得不授权你独立练习，要不你永远都开不了车。那么，教练如何教你才是正确的呢？在你转弯的时候，如果教练发现你打错方向盘了，只要不可能发生车祸，一般是在你完成了转弯之后再告诉你错了。这就是教练给你犯错的机会了。如果你一犯错误，教练就骂你，必然导致学习者的心情非常低落，不但起不到好的效果，还可能让你丧失学车的信心和勇气。所以，管理者在进行授权时首先应当建立这样一种信念：错误是授权的一部分，也就是说，让员工百分之百地按照管理者的意图来完成工作是不可能的，员工在完成任务的过程中出现一些错误是正常的。

管理者授权给员工时必须对其信任，信任是成功授权的关键，也是成功的管理中不可或缺的重要内容。

有关资料显示，世界500强企业中有99％的企业都非常重视员工的忠诚度，特别是他们的管理者授权给他们时，着重强调每一位管理者必须信任他们的员工。

如果你是一名优秀的管理者，在授权给下属之后一定要对他们百分百信任。因为这直接关系着授权的成功与否。

信任是授权给员工的前提，同时也是授权的根基。只有充分信任，才能合理授权，否则授权就会失去意义。所以在授权的具体过程中，要针对不同的人授予不同的权力：

1. 自我中心型

这种类型的人往往认为自己是天生的管理者，无论做什么事情都喜欢管理指挥别人，愿意承担责任。他们做事情的时候注重效率，如果可能的话，他们会提前完成工作。他们所关心的就是自己的绩效，喜欢挑战和竞争。

管理者需要授权自我中心者，必须支持他们的目标并奖励他们的工作效率。这种人的最大缺点是不善于处理人际关系，他们希望自己一直是管理者，如果别人没有按照自己的意见进行，必然会不断抱怨。

2. 交际明星型

这种人善于处理人际关系。从表面上来看，他们随和友善，不咄咄逼人。然而这种人也是有缺点的，就是不善于做决定，做事优柔寡断，善于研究人际关系，但对绩效不感冒。他们往往因为别人的关注而努力工作。在事业和人际关系二者中，他们更倾向于人际关系。对周围的人对自己的看法，他们非常在意。这种人最大的恐惧是怕被人拒绝，他们常以人际关系的好坏来评定自己的价值。

要授权这种人，必须接纳他们的喜怒哀乐、关心他们的私生活，并且耐心聆听。

3. 探索型

这种人喜欢探索，喜欢研究事情发生的原因，这种好奇心也会使他们暂时放下手头的工作。由于过于注重细节，导致他们的"毛病"特别多。

4. 吹毛求疵型

要授权这种人，必须首先肯定他们的想法、分析能力及追根溯源的本领，不过同时也须提醒他们要及时完成工作，因为他们也多半是完美主义者。

5. 士兵型

这种类型的人忠心、可靠、喜欢保持一成不变。对于不断重复、不加改变的工作，他们乐此不疲。在做事情的时候，即使是同一件事情做的次数比较多，他们也非常喜欢，因为这使他们感觉很踏实。他们喜欢安静的工作环境，也不喜欢管别人的事情，宁愿被监视也不愿意去指挥别人。

要授权这种人，只要支持他们的计划，给他们相对明确的指令，并及时地夸奖他们的成绩就可以了。

四、有些事不可随便授权

大多数管理者总希望在企业的经营中树立一种威望，从而体现权力的存在，更体现出自身有种下属不能达到的能力和权威，使自己有自豪感和成就感。在这权力和能力的背后管理者一定要把握好一个尺度，即分清哪些事情是可以授权，哪些事情是不能授权的。

1. 确定授权工作的原则

一般来说，在确定哪些工作能够授权给部署，哪些工作是不能够授权给部署时，要把握以下几个原则。

（1）下属容易上手的工作

企业授权主要目的就是想提高效率和培养梯队，在不同时候，这两种情况的选择可能会不一样。在注重效率的前提下，下属容易上手是授权的前提，不能让下属做必须要他通过持续努力才能够达到的任务，这样只能对提高企业生产效率不利。

（2）授权者自己熟悉的业务

俗话说：已所不欲，勿施于人。授权有一个关键因素就是必须使其受控，失去控制的授权是没有意义的，对企业同样会造成损害。授权者在授权时不能够想当然地认为下属可以做好，除非这种授权经得起自己控制，授权者有把握能控制好整个过程。

（3）明确的任务

目标是连接授权者和下属的重要手段，也是项目得到执行的重要方法。目标明确并且通过适当的方式与下属达成共识是授权有效的前提，所以目标明确的任务对于授权双方都是有重要意义的。

2. 知道能够授权给下属的工作

一般来说，能够授权给下属的工作有表6所示的几种情况。按事情的难易程度来看，能够授权给下属的工作又可以分为必须授权的工作、应该授权的工作和可以授权的工作。

表6　能够授权给下属的工作的分类

工作分类	紧迫或难易度	特　征
技术含量低的工作	必须授权的工作	特征1：授权风险低，如接电话、传真、整理文件。
		特征2：经常重复，如按工作规范生产工序、车工等。
		特性3：下属做得更好，如网页设计。
		特征4：下属能够做好。
自己不擅长的工作	必须授权的工作	特征1：下属比自己做得更好。
		特征2：下属能够做好。
稍有难度但流程简单的工作	可以授权的工作	有一定的难度和挑战性，一般管理者可以自己做，但考虑要锻炼下属能力，可以授权，但必须"错了算我的，对了算你的"。

续表

工作分类	紧迫或难易度	特　征
下属已经具备工作能力的工作	应该授权的工作	特征1:下属刚任职时不具备完成此项工作的能力,在辅导下逐渐具备。
		特征2:下属过去从来没有做过,有挑战性,但风险不大。

在企业的运行中,管理者既拥有多种权力,又要不断创造权力,这是保证企业在管理者的控制之下运行的前提条件。在企业管理中,管理者能向不同层次管理人员授出的权力主要有三个方面:一是人权;二是财权;三是事权。

(1)人权:人事任用权,人事罢免权,人事指挥权,人事考核权,人员给薪权,人事奖惩权。

(2)财权:资金预算权,资金支付权,资金使用裁定权,资产使用权,资产处置权。

(3)事权:工作内容选择权,工作目标要求决定权,工作考核标准决定权,工作时间限制决定权,工作方式选择权,工作场所选择权。

3. 不能够授权给下属的工作

(1)时间紧急

授权的根本目的就是提高工作效率和培养梯队人才,但是对于有时间要求的项目,再去授权就失去它的作用。对于要授权的管理者来讲,业绩是第一要求,失去业绩支撑的授权就达不到授权的真正目的,从大的方面来说会失去企业竞争的根本能力,从小的方面来说容易造成下属的工作压力。所以对于项目比较紧急且不能对企业产生重要影响的,管理者就不需要再授权了。

(2)找不到合适的人选

授权是以合适的人力资源为前提的,如果没有合适的人选,授权的重要构件就没有了支撑，所以在授权过程中，人是第一位的。在授权过程中，寻找合适的人力资源是授权成功的重要保证。所以在综合考察后仍找不到合适的人选时，管理者就不要盲目授权。

（3）要花很大的代价

授权是企业管理者对资源分配的有效利用，这种利用以不花费高代价为前提。除非企业有足够的资源保证，并且企业对于这种代价是可以接受的，只有在这种情况下，为培养梯队而付出高昂学费认为是值得的，这样的授权才是有意义的。在明确了什么情况下可以授权以后，管理者才会面对如何去授权，以及去想如何保证这种授权必须是有效的。

（4）没有授予权力

授权首先是要授予权力，没有权力的授权不是一次合格的授权。下属在授权的范围内，就目标的实现要充分调用一切资源，以保证项目完成的有效性。如果仅仅给予工作目标而没有权力的支撑，这种授权肯定会大打折扣。所以在授权活动中，权力的授予是授权有效性的重要构件。

在足球场上，教练必须根据每位球员的特点安排其打合适的位置，教练要明确每位球员在球场上的职责，在比赛过程中教练还要根据球员的场上表现及时地换人、换位，同时要提醒场上队员应注意的事项，做到对全场比赛的有效控制。

管理者向下属授权时亦是如此，但最关键的是要找出最合适的位置给你的下属，这样，接下来的一系列工作才能顺利开展下去。

总之，管理者要清楚，总有一些工作是不能授权给别人的，如一些影响到企业前途、信誉或者生存环境的重大工作，一些需立即处理的特殊工作，一些涉及企业机密的保密工作，一些涉及重要部门和重要岗位的管理工作等，这些都应由自己亲自去办，不宜授权下属操办。

原则上说，企业管理者可以把任何一件其他人能够处理的工作授权下属去做。但对各种工作没有完全了解情况和预期结果之前，不要草率放权，因为会导致下属在不得要领的前提下很难按照自己的期望值去做，即使有了工作成果，这种成果在很大程度上也会混淆管理者的视线，使做出错误的决策。

总之，管理者在授权时要做到心中有数，要根据事情的必要性来进行划分，做到"能授就授，该授就授"。

五、有些人不可被授权

授权就要选择合适的受权者，选择受权者时要注意使其兴趣和能力与所授权的工作相匹配。绝不能为了把权力授出去就不在乎结果了，把权力轻易交给一个不适合的人来行使好比一个士兵还扛不起枪，却硬要他走上战场对抗敌人一样，白白送死。这样做，不管是对受权者、对管理者，还是对企业都会造成损害。

管理者在对受权者的优缺点有了比较全面的了解之后，就要根据每个受权者的特点做好随时授权的准备。因此如何选择合适的受权者是授权的关键，所以管理者需要制定一个是否决定授权的选择标准，并不是所有人都可以被授权。管理者在判断受权者的时候要注意以下几点：

1. 具备处置所授权事务的工作能力

管理者所选定的受权者必须具备处置所授权事务的工作能力，如果对方尚不具备能力，就会造成授权失败。

李某是温州一家私营鞋业公司里从事财务管理的会计师，也是公司财务部门的负责人，在企业里已经做了八年的会计工作，为企业的发展做出了很大贡献，可是他最近突然辞职了。原来，李某的工作并未出现任何差错，却被老板的儿子抢走了饭碗。老板认为财务部门是一个非常重要的部门，于是就任命他刚高中毕业的儿子担任公司的财务主管，李某担任副主管，共同带领另外两名财会本科毕业的财务人员负责公司的预算、决算及日常财务开支的统筹安排。老板的儿子并不懂得财务事务，却处处都要李某向他请示汇报，还武断插手具体工作，让李某觉得工作起来十分烦闷，经与老板沟通无效后，李某只好选择离开。

任命没有工作能力又没有任何特长的儿子代替专业技术人员管理财务，是典型的任人唯亲，结果是严重打击了受权者工作的积极性，甚至导致专业技术人员辞职，给企业造成了重大损失。

2. 选择德才兼备者

管理者所选定的受权者必是德才兼备的人才。选择合适的授权对象时首先要选择有能力的人，如果一个人没有完成这项工作的能力而把权力授予他行使，这就注定授权会失败。另外，受权者还必须品德优秀，否则在完成授权工作的过程中他可能会趁机利用手中的权力命令他人分摊本属于他的工作职责或者发生权力滥用，导致无法挽回的损失。

黄老板在北京经营着一个家具公司，他非常重视人才，他认为要想提高公司的竞争力，必须要使用有能力的受权者，因为黄老板一直认为工作能力是考察受权者最重要的依据。最近，因为公司的规模不断扩大，原材料的采购必须委托他人。为此，黄老板聘请了一位闲居在家的某公司原采购科科长张某，黄老板授权他负责原材料的采购工作。据说张某在采购方面非常有能力，有着非常广泛的人际关系，并且熟知北京地区的市场行情，善于谈判。虽然也有人对黄老板说张某人品不是很好，可黄老板说什么人品不是关键，只要能力强就行。

张某刚来公司之后也没有让黄老板失望，一直表现都很好，可是就在黄老板想更加重用他时他却涉嫌几起商业贿赂，给公司造成了巨大的损失，黄老板也不得不解雇他。

公司为了提高利润，用人过程中重视受权者能力是无可厚非的，但是如果只考虑个人能力而不重视个人的道德品质则是大错特错的。在本案例中，黄老板只重视张某的能力而没有考虑到他的道德品质，殊不知，一个人的人格和品质有时候比能力更为重要，能力可以培养，而人的品德却很难改变，一个品德低下的人如何使自己所代表的企业在商业社会中立足？

3. 要注重人才多样化

管理者选择人才时，不能把资历、声望和学历作为最重要的因素去考虑，而是要考虑受权者的综合素质。

某食品厂地处偏远山区，招不来人才也留不住优秀人才，整个企业处于破产的边缘，直到高厂长到来工厂才起死回生，因为高厂长带来了选人才、留人才的新方法。

高厂长用人不仅看人才的文凭，更重要的是他非常重视人才的真实水平。有一次，高厂长在检查工作时，发现一个姑娘头脑非常灵活，操作动作熟练，工作效率高。车间主任告诉高厂长，这位姑娘只是一个三个月的学徒工时，高厂长当即宣布："你现在是二级工了，明天到劳资科去办理手续。"高厂长通过各种渠道从外地招来各种技术人才，切实解决他们的困难，给他们及其家属提供优厚的条件，使他们能够全心全意留下来为工厂工作。

由于高厂长尊重人才、重视人才，全厂员工积极性和主动性被调动起来，很快公司的生产效率就提高了一倍。

用人之道，最重要的就是合适，只有把合适的人安排到合适的岗位上才能充分发挥人才的作用，不要过分计较人才的学历、资历等，合适才是硬道理。

4. 发挥所长，切忌求全责备

"金无足赤，人无完人"，即便是再有才能的人也会有这样那样的不足之处。作为管理者，要看到受权者的长处和优点，充分利用其能力完成工作。如果过分地求全责备，会使领导很难划清是非，有时只见外表而看不到本质，从而导致人才的流失，更别说去授权了。

去过寺庙的人都知道，一进庙门，首先是笑脸迎客的弥勒佛，而在他的北面则是黑口黑脸的韦陀。但相传在很久以前，他们的位置并不是如此摆放的，而是恰恰相反：韦陀站在庙门迎客，而弥勒佛负责管理账务。负责迎客的韦陀为人严谨仔细，成天阴着个脸，太过严肃，来庙时进香的人一进门都会被他吓一跳。久而久之上香的人越来越少，最后香火断绝。而掌管账务的弥勒佛生性热情快乐，长得也慈眉善目，来上香的人都愿意在他身边多逗留一会儿，可是在钱财方面他却天生是个马大哈，什么都不在乎，丢三落四，不能很好地管理财务，本来由韦陀任公关经理就令庙里香火减少，再加上弥勒佛这个糊涂的财务总监，寺庙陷入入不敷出的境地也是理所当然了。

佛祖在查香火的时候发现了这个问题，就将他们俩的位置调换过来，由弥勒佛负责公关，笑迎八方客，香火大旺。而韦陀铁面无私，锱铢必较，则让他负责财务，严格把关。在两人的分工合作后，庙里出现一派欣欣向荣的景象。

这个故事中，韦陀擅长理财而不擅长公关，弥勒佛擅长公关而不擅长理财，佛祖一开始授权韦陀公关、弥勒佛理财，把两个人都放在了不适合本人特长的位置上，各自的优势无法发挥，给寺庙造成了重大损失。后来，佛祖发现问题后及时纠正，调整二人的职位，让他们在自己的适合的岗位上充分发挥自己的长处，自然为寺庙带来了很大的利润。

表7　授权的理想人选表

特点	描述
大公无私的奉献者	他们在实际工作中默默奉献，大公无私，从不讨价还价，顾全公司利益，在工作中只讲奉献，不求回报，加班加点也从无怨言。
不徇私舞弊的忠诚者	他们往往办事认真负责，善始善终，敢于坚持原则、坚持真理，对错误言行敢于直言不讳。大胆授权给他们，领导得到的将是可靠的支持和帮助。
善于团结协作的人	他们在实际工作中协调组织能力强，善于理顺人际关系，凝聚力和向心力强。
善于独立思考的人	这种人善于独立思考问题，并善于发现处理萌芽状态的问题，善于处理复杂棘手的问题，善于提供有价值的独特见解。
勇于创新的开拓者	这种人属于实干家、活动家，办事能力、开拓能力卓越。工作中敢于大胆设想、标新立异、另辟溪径。授权给这种人，往往会开拓新的工作局面。

并不是所有有能力的人都可以授权，授权者所选定的受权者应当适合要授权的工作，总的来说，具有上述特点的人就是授权的理想人选。

六、授权不是放任自流

从某些方面来说，信任代表了管理者对下属能力与品质的充分认可，使下属能够依照自己制定的原则处理事情。但是，这并不意味着允许那些不具备良好品质与突出能力的下属任性、妄为，乃至使企业形象受损。信任代表一种理解与信赖，管理者在授权时信任下属是非常必要的，但信任不是无限制地放任。

在授权不等于放任这个问题上，管理者应注意以下几个方面：

1. 不要不管不问

企业管理者想要下属执行值得信赖的工作，主要作用是指导。由于某些受权者会墨守成规或存在懒散习惯，因此，管理者需要经常留意下属的工作状态，并给予反复且必要的指导。

不要遗漏工作环节，必须要求下属严格执行对工作的指示，工作的截止时间、管理者所要求报告的形式、次数等，都要事无巨细地指示下属完成工作的重点和应注意的事项。哪怕相信下属一定会遵守管理者的指示，但假如指示本身不明确或存在漏洞，被信赖的属下出于好意而勉强执行，结果也不一定会与管理者的想法一致。

某工艺品公司的一位销售部主管对下属授权后的指导工作表示非常注重。为了协助下属成功，遇到大客户时他总是将机会留给那些平时业绩不怎么样但拥有潜力的下属。当然，他并非把权力授出去之后就对其放任不管了，每次遇到这种情况，他一般是亲自陪同下属一起同这个客户会谈，在下属与客户商谈的过程中他一般不会插嘴，更不会擅自干涉下属的工作，有时，哪怕眼睁睁看着订单将要失去，他依旧选择要等到事后再指出下属的错误，对下属说明究竟应怎样做才更好。

在这位主管的悉心指导下，他手下的销售员都进步神速，他们对自己的主管也表示出深深的感激之情，整个团队的业绩都很突出。

2. 不要死搬教条

企业管理者要时不时调查下属完成工作的实际情况，因为工作的实际情况会经常发生变动，这也会妨碍下属的工作效果。即便管理者相信下属一定有办法应付那些变化，但有时变化也可能超出下属的权限，因此，管理者要凭借自身的经验、部门工作进度报告等，协助下属完成工作任务。

3. 切忌静以待之

企业管理者要将先机牢牢把握在自己手中，实行同关系部门协调或支援等必要措施，对出现的问题进行及时解决，不能坐以待毙。这样管理者与下属之间才会形成良好的信任关系，才能使工作完成起来有章法可循。

4. 要对授权进行监督

企业管理者进行授权后，要对受权者的工作进行一定程度的监督。授权时不要总是对受权者强调："这项任务交由你全权负责，你对处理这项工作享有全部的权力。"这种授权很可能会让受权者滥用手中的权力。

高明的授权不仅要下放一定的权力给下属，而且又不能让他们感觉你对他们的不重视；既要检查督促下属的工作，也不能使下属感到没有实权。想成为一名成功的授权者，必须对受权者进行一定的监督。

总之，授权后不能放任自流，掌握一些方法与技巧，才能授权成功。

七、授权之后的督导技巧

授权即管理者将处理用人、用物、做事、交涉、协调等决策权转移给下属，让下属有自主权。但是，这并不意味着授权后管理者可以什么都不管了。相反，管理者依然要时刻关注工作的进展，当工作遇到极大的难题、下属无法自行解决时，就需要管理者亲自出马，如果置之不理使公司蒙受损失，那就是失败的授权。

授权不是不加监控的授权。授权的同时还必须进行监督，才能让授权发挥更好的作用。

1. 让下属彻底明白授权内容

管理者授权给下属后需要等待下属的回应，看他们是否真正领会了你的意思，是否清楚自己要干什么。因此，为了清楚地给出指示，尽量不要在匆忙间进行授权，因为当你快速地给出工作指示后，你的下属还需要时间去揣摩你的要求、指示，假如你这个时候离开，会使你的下属觉得一头雾水，不知道工作从何做起。相反，如果你在交代完任务后留给下属一点时间去理解，问问他们是否有不明白的地方，他们就能够彻底消化、吸收你的指示，这样在日后工作中犯错误的概率也会大大降低。

2. 让下属按照要求做模拟演示

在不确定下属是否明白要求时，可以让下属按照要求做模拟演示。有经验的管理者知道，有些下属碍于面子，不愿意承认他们自己没有彻底领会上级的意图。当询问他们是否理解时，他们或者点点头，或者默不做声，也不愿意承认："对不起，我真的没有明白您的意思。"或者说："您可以再跟我说一遍吗？"遇到这样的下属，如果管理者认为自己在授权之后下属弄懂了意思而放心地离开，那么这个管理者就大错特错了，不久就会有糟糕的消息传到管理者耳朵里。管理者需要做的是让下属复述一下意思，或者做一遍模拟演示，然后可以根据他的演示结果判断出他是否真正领会了意思。

3. 不同的下属需要不同的监管方式

有些下属只需告诉他要达到的目的，他就知道该怎么做了；而有的下属不仅需要你告诉他要达到的目的，还需要你告诉他具体怎么做，每一个步骤需要如何操作，遇到问题应该如何解决等。这就需要对不同的下属采取不同的授权方式和监督方式。当然，随着下属对你的授权越来越适应，你可以逐渐调整授权方式和监督方式。但是在你的团队里，大多数任务都是需要你监督的。不要等到下属表现出需要你的监督后，你才进行事后监督，那可能让你的团队蒙受损失。

4. 在适当的时候控制一下正在进行的工作

有些下属不喜欢管理者在他的工作过程中检查他的工作，他认为这样做是对他的不信任。所以，在对下属的工作进行检查之前，管理者需要解释清楚：检查他们的工作并非是因为不信任他们，而是考虑到整个工作进程的需要。任何一个管理者都有义务对下属的工作进展情况加以了解，同时，下属也应该随时向上司汇报他的工作情况。这些事情，管理者都要在事前跟下属交代清楚。这样做既有利于管理者随时掌控下属的工作进度，又不损害你和下属之间的信任关系。总之，要想让自己的授权实现效果的最大化，就要在下放权力的过程中有足够的控制力，不要超出自己力所能及的控制范围，使授权和有效控制结合起来。

八、口头授权VS书面授权

授权形式包括口头授权和书面授权，下面就这两种授权形式进行简要叙述。

口头授权是指管理者对下属用语言宣布其职责，或者依据会议所产生的决议进行口头传达。这种方式不适于责任重大的事项，下级人员可能对指令内容产生错误理解；中间层次的口头传达指令更容易导致指令内容的失真或误解；口头指挥的严肃性和规范性较差。口头授权存在职责不清、互相扯皮、玩忽职守等弊端。

一天，老板王总对负责销售的李经理做了一个重要的工作安排，期间谈了两个小时，交代了诸多背景、重要性、目标、权限范围、风险等内容。按照习惯，王总问："你清楚了吗？"李经理回答："没问题，我回去就安排人办。"李经理回到办公室，立即召集小张等若干骨干，谈了30分钟，一一布置了任务。三天后，王总被一系列重要事情缠身，基本忘记了追问这件事情，但闲暇下来总觉得心里不踏实。一周后某天睡觉前，王总突然想起应该追问进度，打电话给李经理，李经理说没问题，已经安排得力干将去执行了。两周后，惴惴不安的王总又打电话给李经理："期限快到了，你进行得如何？"李经理的汇报让王总大惊，王总嚷嚷到："你怎么这么干呢？我不是交代了遇到这种情况该怎么做吗？"李经理回答说："不对吧，我就是按照当时本子上记的你的意思去做的呀。"王总无语。

王总纳闷：和李经理交代事情时说得很清楚，李经理也确认听清楚了任务的内容。但是执行结果为什么和自己当初交代的有天壤之别呢？难道是自己交代的内容和李经理听到的意思不一样吗？李经理在给下属交代任务时有疏漏吗？问题到底是出在哪个环节呢？

很多管理者都有如同王总这样的经历，其实，更糟糕的是很多管理者出现了这样的问题以后好像根本不知道为什么会失败，因为通常他已经忘记了当时每一个授权的要求了。

案例中王总对李经理的授权属于典型的"口头授权"。虽然王总熟稔授权的要素以及如何有效授权的方法，但是口头授权的庞杂内容加之重点不突出，所以李经理难以详细进行记录，对于考核、验收的标准也难以准确量化。当然其中还有李经理对其骨干的二次授权，也是影响授权效果的一个因素。且来看看导致授权失控失败的关键因素。

（1）由于没有正式的书面授权，王总仅仅是口头授权，导致李经理可能歪曲理解王总的授权内容，同时，信息在多级授权中发生衰减、变形，现实中授权有效性的最大障碍就是人性中的"我以为"心理。书面授权书中通常会将有关授权的具体相关事宜面面俱到，而口头授权由于每个人的思维理解力的差异，对授权的任务可能会理解有误，容易影响授权成功。

（2）授权者缺乏有效沟通和信息对称。王总由于没有形成正式的授权书，事后自身可能会对当时的授权事项模糊，其间，又与李经理的沟通不到位，没有及时检查进度，更不了解李经理再次授权的情况，重重阻碍，授权必然失败。

书面授权是指授权者以文字形式发布命令或指示，对下属人员的活动进行调度和引导，对下属工作的职责范围、目标任务、组织情况、职级等均有明确的规定，具有较强的严肃性和规范性。书面指挥有利于上级管理者对下属活动进行监督检查，有利于明确权责关系，落实奖惩措施。但滥用这种指挥方式或在管理体制不健全的条件下使用这种方式，易导致公文旅行或公文成灾情况的出现。

授权书是以文字形式确定授受双方关系的书面凭证。在一个用公文办公的时代里，文书是一切关系与结果的证明。授权书既是证明授权关系的凭据，又是授受双方相互约束的依据，在授权关系中有着重要意义。因此，书面授权是将权力以书面形式授予下属的一种比较庄重、使用期也相对长些的有效方式。以一例授权书为范，我们能够很清楚地理解书面授权的好处及重要性。授权书既然是以书面文字确定授受关系，那么它就应该准确而全面地记录各种授权事项，需要严格的形式要求。

1. 授权书的内容必须全面准确

授权书其实就相当于授受双方约定权责关系的合同，它要对双方具有约束力，首先必须做到内容全面、准确。

（1）约束对象的规定：授权书必须详细列出受约束者，包括授权者、受权者、辅助人员。很多时候，授受双方可能都是以集体形式出现的。例如董事会授权给一个工作小组，那么授权书就应列出这个集体的负责人姓名，辅助人员是指受权者可调用的人员或可向之进行咨询的人员。

（2）任务规定：授权书中应该对受权者所接受的任务有定义或限制。任务一般表现为执行具体的事情，组织内各任务的执行者所做的事情往往有交叉的情况，授权书中应对这种可能出现交叉的情况进行限制，避免重复工作。

（3）时间与成果规定：所有的授权工作都应有期限限制。时间的限制有刚性和弹性两种，刚性时间限制一般规定必须在某一时间点或某一期间内达到成果要求，弹性时间限制则只规定最后时间，具体在什么时间完成由受权者自由把握。成果则是管理者期望任务完成后的目标状态，成果可以表现为实物、金钱收益，也可以是精神性的，如技术知识、道德水平、精神面貌的改变等。管理者不应将成果仅理解为可以得到的具体的东西。

（4）权力与责任关系规定：有了任务和目标成果，受权者的责任就有了依据。受权者没完成任务，将会受到什么样的惩罚就是责任的具体形式。管理者的责任是为受权者提供方便，管理者要尽可能确定自己所能提供的东西，以及确认如果没有提供这些东西，责任是否可以从受权者转移到管理者身上。双方的权力界限也需要明确，越过权力就会造成责任转移，这一项应在授权书中规定。

（5）资源调配的规定：授权书中应该列出受权者可以调动的各项资源，如资金、技术、信息、人员、物质资料等。这些资源应该尽可能地量化，使双方可以根据量化数字划定权力界限。资源调配有数量问题，还有形式问题，受权者必须采用一定的文书形式调动资源，必须对资源的用途及使用结果做出说明。

2. 符合授权书的形式要求

授权书既然是对授受双方都有约束力的权力分配合同，最好能采用一般合同的形式，以示正规，且便于授权双方合理地划分责任。

（1）授权书中必须有授权依据条款。授权需要有组织规则依据以证明权力来源的正当性以及授权是合乎组织规则的，依据条款主要是引用组织中有关职权划分及授权的规定。

（2）授权事项即授权书内容应详细列成条文形式。将授权的任务、目标、期限、授受双方的责任与权力、受权者可以调动的资源、授权中监督控制的程序、沟通协调的方式和手段等都拟成条文形式。这样做一方面可以指导双方的工作，另一方面也是以后追查确定责任大小的依据。

3. 符合授权书的制定和发放程序

授权书的制定应由授受双方协商。授权双方根据各自的条件和情况确定内容，做出妥协和让步，划定责任。为了确保授权书的权威性，授权书制定以后应制成三份以上，双方各执一份，向上级交一份或留一份作为备案。

授权书虽然只是一种书面形式，却是授受关系存在的证明。在现代社会，信用关系已成为组织的一项重要资产，而信用往往基于合约，作为授受双方合约的授权书，管理者千万不要忽视。

在现实管理中，很多员工常因为其主管不能传达明确一致的工作指示而抱怨。管理者并不注意提供书面材料以供员工遵从，往往通过口头传达，虽然省事，但是由于不够清楚，在传播的过程中很容易走样，或者造成朝令夕改，使授权者无所适从。所以在授权过程中要明确哪些需要口头授权，哪些需要书面授权，防止下属对工作任务的混乱。

九、认清下属，做到量能授权

管理者的职责之一就是培养下属，这一点在授权中同样能得以体现。授权之前，管理者要对被委任者的才能进行考察，要了解不同下属的特长与缺点，将有限的精力用于指导那些确实需要管理者指导的下属，而给那些能独立完成工作的下属以充分发挥才能的机会。

通常情况下，管理者可以将自己所有的下属按下列四类进行分类，并根据这四类的特点分别考虑授权程度：

1. 上将型下属

上将型下属通常经验丰富，能力卓越，管理者完全可以放手让其去完成工作任务。这类下属具有很强的能力，所以往往自视较高，甚至有点自负。管理者若要很好地使用这类下属，应尽可能地给予其充分发挥的余地和空间。这样他们才会感到被重视，才有自我价值的实现感，才能很好地发挥才能。

对待上将型下属，管理者宁可不给其工作任务，也不要将非常小的差使交给他们去完成。管理者应该记住一条，那就是授予上将型下属的权力与任务应该是与他们才能相适的，要具有挑战性，最好要带有较大的决策权与相应的责任，这样他干起来才有劲并且能干好，不负管理者之托。

作为管理者，向上将型下属授权时需要注意的是，尽可能地不要去干涉他们的工作，要给予充分的信任。另外一个方面，如果他们主动要求帮忙的话，管理者一定要认真对待，这意味着他们确实遇到了力所难及的困难，要知道，若非如此他们通常不会开口求人，当然向其提供帮助时管理者应尽量保持态度诚恳，千万不要伤害他们的自尊心，而应及时给予鼓励和帮助。

2. 良卒型下属

良卒型下属和上将型下属既有相同处又有不同处。相同处在于良卒型下属通常也具有一定的经验，并且能力也较强，也具有一定的决策力；不同处在于他们需要管理者不时地对其进行支持和鼓励，甚至督促。

因为良卒型下属具有一定的经验及较强的能力，所以管理者应将具有一定挑战性的工作交给他们去做。一般而言，需要一定的经验方能出色完成的工作最适合良卒型下属。

当然，由于良卒型下属存在的缺点，管理者在授权后应不时地监察他们的工作进度。不过，监察时最好不露痕迹地进行，因为良卒型下属通常比较敏感，公开的监察会使他们疑神疑鬼，心生不满。另外，对待良卒型下属，管理者最好多用正面性的鼓励、表扬等手段，而尽量少用或不用负面的批评、惩罚等激励手段，这一点管理者也应予以重视。

3. 健马型下属

健马型下属在企业中通常不是很多，他们大多是刚刚进入企业或刚刚被提拔到一定级别的年轻人。这类下属的经验不太足，还需要一个在实践中摸索学习的过程。对于健马型下属，管理者所要做的正是发掘他们，给他们机会，锻炼和选拔他们，要做到这一点，授权正是一种相当不错的手段，管理者应好好利用。

健马型下属虽然缺乏经验，但他们通常并不缺乏能力而且其中不少人的能力还相当高，因此，管理者首先应向他们授权，让他们在受权后从初级一步步摸索经验，逐渐得到锻炼和提高；其次，管理者要尽量帮助他们树立信心，对其多多指导，适时地对其行为做出反应，这样才能使他们更快地成熟起来。

4. 白搭型下属

不少管理者搞不懂为什么企业中会存在白搭型下属，因为搞不懂，所以管理者们常头疼不已，不知怎样对待他们。

白搭型下属到底是怎样的一类人呢？

所谓白搭型下属，乃是指他们常常少言寡语，不大合群，几乎从不主动找领导谈话，对企业来说，他们似乎是局外人，以至于有些管理者称"白搭都不要"。

事实上，这是管理者对这类下属的偏见，而这种偏见使他们未意识到这类下属同样是企业的财富，发挥得好，这类下属对企业的贡献是其他下属所难以达到的。

客观地说，白搭型员工常常拥有特殊的才能，很多时候，企业面临紧急或特殊任务时往往正是他们大显身手之时，因此，管理者切切不可忽略他们，以免到时少了应急求援的好对象。

根据不同类型的下属进行有所分类的授权，是管理者必须注意的。

十、明确授权要达到的目标

企业管理者授权时一定要明确授权要达到的目标。

1. 制定授权目标的原则

授权都是为了要实现一定的目标，一旦你决定授权给受权者，你就应该清晰地告诉受权者，授权给他，你要什么样的结果，你想达到什么目标，公司又试图达到什么目标等，让受权者对授权目标有明确的、具体的认识。只有当受权者明白这个工作要做到什么程度，他心中才会有一个清晰的目标导向，才能更快、更好、更有动力地完成工作。目标不明确，不但起不到激励的作用，还会使受权者茫然、无所适从。

制定授权目标一般有以下几个原则：

·目标必须明确，每个人都必须明确他要做什么；

·目标应易于理解和协商；

·目标除了可以供受权者完成外，还必须培养受权者的能力，给受权者提供挑战；

·目标应同企业的整个战略目标相关，受权者要明白为什么要做此事，如何才能满足全局需要。

电器公司的马经理授权他的下属小王整理一下第三季度的客户退货

单。小王就按以往的办法对第三季度的退货单按照客户的不同区域进行了分类。

两天后小王来交退货单。小王说："经理，这是你前两天让我整理出来的退货单，我按照不同的区域对客户进行了分类。"

马经理着急地说："什么，按客户所在区域？我想要的是按照退货原因进行分类。"

小王显得很不安。

马经理无奈地说："算了，算了，你放这儿吧，我自己干。"

管理者要明白，授权到底想达到一个什么目的是有效授权的前提，如果目的不明确，你自己在授权时就不知道自己到底想要一个什么样的结果，受权者就不知道该做什么，从哪里着手，工作做到何种程度，这样不但会使授权产生一系列的问题和麻烦，也得不到你想要的目的，还耽误了事情的整体进度。

2. 制定授权目标的步骤

（1）理解公司的整体目标是什么。

（2）制定符合原则的目标。

（3）检验目标是否与上司目标一致。

（4）确定可能碰到的问题，以及实现目标所需的资源。当上司给我们确定目标的时候，作为一个部门的领导，就应该提出完成这些目标会遇到什么困难，为解决这些困难需要哪些资源和条件，以及要提前做什么样的工作。

设定目标，关注结果。每一个目标的实现都要有一个过程，需要很多资源和条件，所以谈目标，一定要谈条件约束。什么样的条件达成什么样的目标，如果事先不约束条件，大家来谈目标根本就没有意义。

（5）制定授权目标的时候，一定要和相关部门提前沟通。管理者在制定目标的时候，通过目标对话的方式，使大家了解互相的需求，这样才能保证受权者在规定的时间内实现目标。

（6）以书面形式确定完成日期。授权目标必须要有明确的完成日期，这样才能有效地对授权的时间进程进行监督。另外，还要做到书面化。许多中小企业的受权者常因为授权者不能传达明确一致的工作指示而抱怨。一般中小企业因为人数问题，或者从小企业一路走来的习惯使然，企业经营者并不注意提供经营策略的书面材料以供受权者遵从，习惯通过口头传达，结果虽然省事，但是却由于不够清楚而在传播的过程中走样，或者造成朝令夕改使授权者无所适从。

而书面授权中的客气措辞以及翔实的内容与严谨的层次内容，可以使受权者对于管理者的经营策略了如指掌，从而提高受权者的归属意识与合作精神。

授权工具箱　授权检查表

　　管理者可以根据自己的情况，结合企业管理现状，自检自查下面的问题，看自己在哪些方面还可以改进。

1. 正确的态度

   a. 希望保有各职位的隐私性，同时希望避免因为授权而感受到的威胁（　）

   b. 愿意冒险（　）

   c. 信任你的下属（　）

   d. 目前的工作以任务为导向（　）

   e. 有耐心（　）

2. 决定该分派的任务

   a. 尽可能地分派任务（　）

   b. 尽可能分派给职位低的下属（　）

   c. 考虑下属的技巧、工作负担和兴趣（　）

3. 传达给成员相关的责任感

   a. 设定目标（特定、可测量的、可达成的、有关连的和可追溯的目标）（　）

   b. 让下属清楚了解目标（　）

   c. 为下属定义目标与任务的相关重要性（　）

   d. 解释潜在的复杂性（　）

   e. 以结果为导向，而不是以过程为目标（　）

   f. 设定任务的表现标准（很好、好和不好的等级区分）（　）

g. 公开授权工作被评鉴为很好、好、不好和惩罚（ ）

4. 给予适当程度的职权

a. 决定下属所能掌握的职权程度（A—D级）（ ）

b. 宣布职权等级（ ）

c. 传达给下属职权等级（ ）

5. 提供适当的支持

a. 让下属知道有哪些可利用的资源（ ）

b. 提醒下属所担负的新责任（ ）

c. 传达你可能提供协助的程度（ ）

6. 监督授权工作

a. 记录目前的表现（ ）

b. 提供下属充分的训练（ ）

c. 强制执行预设的表现标准；告知下属目前的绩效表现所相当的等级（ ）

d. 与下属维持开放、客观的沟通渠道（ ）

e. 在授权期间，让下属有机会反馈（ ）

7. 评估授权工作

a. 将所完成的任务与原始目标比较，确认授权是否圆满？（ ）

b. 在授权期间评估下属的角色：成员是否能掌握自己的职权？此成员下次能获得更多职权吗？你对他（她）的表现失望吗？评估下属的效率、时间掌控度、创造力及合作度。（ ）

c. 与下属讨论你的评估结果（ ）

d. 给予下属正面或负面的具有建设性的评判（ ）

8. 你碰到过下列任何问题吗？

a. 逆向授权（ ）

b. 错误的决策（　　）

c. 错误的目标（　　）

d. 授权对象错误（　　）

e. 监督系统不够准确（　　）

f. 监督系统不够专一（　　）

g. 监督系统有偏差（　　）

对以上问题自检后，留意本书里与这些主题有关的部分，对你将有显著的效益。

第五章

授权过程中的权、责、利

对于一个管理者来说，权责分明是管理的基础，授予员工权力的同时，意味着承担更大的责任。权力和责任是对等的，很多时候管理者都忽略了授予责任的环节，以致有的员工持权自重，有的员工不敢作为，面对模糊的范围和权责，总有人觉得好处是自己的，责任是别人的，也有人认为领导没有明确的细节就是不必理会的。

一、权力与责任相适应，避免无责之权力

我国古代军事家孙子在论述兵家取胜之道时说："将能而君不御者胜。"意思是，将帅有才能而国君又不给予牵制的，会取得胜利。

孙子完成著名的《孙子兵法》十三章后，希望能被诸侯重用，于是前往吴国效力。吴王阖闾将信将疑，随后要他演习一下带兵的方法，孙子满口应诺。于是，吴王阖闾便从宫中随便挑选些宫女命孙子演习他带兵的才能。

孙子知道吴王阖闾叫他调派宫女，是对他的军事才能不信任，借此来羞辱他。于是，孙子也不含糊，把这些漂亮的宫女分成两队后，从中挑选了两位阖闾最宠幸的妃子分别担任这两队的队长。这些宫女用纤纤玉手横七竖八地拿着兵器，嘻嘻哈哈地等着孙子对她们进行训练。

孙子站在这些宫女面前，严肃地说："各位听着，我举起右手，你们就向右转，我举起左手，你们就向左转，听清楚了没有？"

宫女们都回答说："听清楚了。"

规定完毕后，孙子就举起右手，这些宫女们觉得很好玩，不但没有依照规定向右转，反而你推我搡地乱作一团。

孙子说："下达的命令不够清楚，这是我的过失。"于是他重新把命令传达给这两队宫女。然后举起左手，要这些宫女向左转。

但是这些平常懒散惯了的宫女还是嘻嘻哈哈，不把他的命令当回事。

于是孙子说："命令下达不够清楚是我的过失，但是我已重新下达命令，你们还是不遵守命令，这就是队长的过失了。"于是就下令把这两位队长拉出去斩首示众。

这时，坐在台上观看的吴王阖闾看到孙子要把他的两位爱妃处死，着实吃了一惊，马上传令叫孙子刀下留人。然后，走下台找到孙子，对他说："寡人已知道你能够用兵了，你不必把她们的头给砍下来寡人最疼爱，两个妃子，如果没有她们两人，寡人就会觉得食不甘味，希望你能免她们一死。"

孙子回答说："大王既已授臣为将，就应知道：将能而君不御者，方能胜；将能而君御者，必为败。不知您是想看我败还是胜！"言下之意，这两个妃子非杀不可。

孙子的一席话说得吴王阖闾哑口无言，虽是十分不情愿，却也找不到反驳的理由，只好任由孙子发落自己的两位宠妃。

就这样，吴王的两位宠妃被孙子推出去杀了头。杀了两个队长后，孙子又选两名宫女来当队长，然后重新下命令。这一次，每个人都乖乖地按照孙子的命令去做了，没有一个人敢违抗命令的。不久，这些宫女就被孙子训练得有板有眼了。

于是，孙子就向吴王报告说："臣帮大王训练的这些兵已经可以调用了，请您下来阅兵，随便让大王调派，即使是赴汤蹈火，她们都会勇往直前的。"

经过这次演习，吴王阖闾知道孙子的确能够用兵，于是就任命他为将军。后来吴王之所以能够西破强楚，北威齐晋，显名于诸侯，孙子是最大的功臣。

这个故事被千古流传，成为兵家论兵时的著名案例。企业管理者也应该像孙子那样，做到"将能君不御"，即分配下属任务与责任后就必须同时给他们相应的权力，因为没有给人权力，却要他承担责任，这是很难想象的。

管理者在对下属授权之前就应该把权责的关系向下属说清楚，提前营造一种有权也有责的授权氛围，让即将接受授权的人做到心中有数。

甲骨文公司很注意对员工的授权艺术。他们在给所有层次的员工以必要的自主权的同时，又让他们对自己的岗位承担责任。许多人都要等到35岁甚至40岁才有足够的权责去影响公司的总营业收入，但公司一位整合产品开发部的普通管理者在22岁时就拥有这种影响力了。他形容说，刚进公司的前半年时间，简直好像"处在毫无头绪的一团乱麻里"，所有的事情都需要自己去做，没有人来指挥自己，但若出了问题，也只有自己负责。但是等他适应了环境之后，就能够控制整个混乱的局面了。他需要去决策：如何掌握客户，如何进行产品发布，以及如何管理研发人员，还有怎样建立起和他有关的各种事务的流程。公司希望他做的不只是生产出一些产品而已，而是能建立起一套更快速的运行机制。在不到一年的时间里，他找到了一位贴心助手，并在新产品团队建立的过程中扮演起管理者的角色。公司只为他准备了一个可以施展才干的空间，在这个空间里，他需要设计、建立良好运行机制的方法，要在一无所有中建立起秩序，所有的这些都需要下属自己去创造，需要他们自己对自己负责。

而要发挥下属创造性思维能力，则需要有一个前提，那就是下属要有很高的智商和强烈的进取心。另外要有负责任的管理者来确保下属不会有越权行为。在这些基础上，这家IT公司给了下属上进的空间。

一般来说，管理者可以从以下几个方面来营造用于承担责任的氛围。

1. 管理者必须充分地信任下属有这种能力

理论上说得通，但实际执行时却可能会有很大的困难。把决策权授给下属需要管理者在信任度上有一个大的飞跃。作为管理者，以前都是由自己来做决策，现在要由下属来做决策，所以，管理者必须充分地信任下属有这种能力。

2. 让下属对他们的决策负责任

有太多的管理者总是插手干预，告诉下属在工作中应该怎么做，这恰恰扼杀了下属的责任感，导致下属在以后的工作中不愿负责任。让下属负责任先要让其清晰地理解应该达成什么目标，然后放手让他们去做，去实现目标，并且要为结果负责。

总之，管理者在授权时应注意责权统一的原则。授予下属一定的权力，必须使其承担相应的责任。有责无权就不可能有效地开展工作；反之，有权无责会导致不负责任地滥用权力。

二、实现权力与责任平衡

下属履行其职责必须要有相应的权力，但同时，授予下属一定的权力时必须使其负担相应的责任。

责大于权，不利于激发下属的工作热情，即使只是处理一个职责范围内的问题，也需要层层请示，势必会影响工作效率；权大于责，又可能会使下属不恰当地滥用权力，最终会增加领导管理和控制的难度。所以，管理者在授权时，一定要向受权者交代清楚事项的责任范围、完成标准和权力范围，让他们清楚地知道自己有什么样的权力，有多大的权力，同时要承担什么样的责任。总的来说，要实现权力与责任平衡对等，应灵活掌握以下基本原则：

1. 明确授权后的责任和权力范围

授权时，管理者必须向受权者明确所授事项的责任、目标及权力范围，让他们知道自己对哪些人和事有管辖权和利用权，对什么样的结果负责及责任大小，使之在规定的范围内有最大限度的自主权。否则，会使受权者在工作中摸不着边际，无所适从，贻误工作。

2. 下属参与授权过程

让下属参与授权的讨论过程，可以增加授权的效率。首先，只有下属对自己的能力最了解，让他们自己选择工作任务可能会更有好处；其次，下属在参与过程中，会更好地理解自己的任务、责任和权力；最后，下属参与的过程是一个主动的过程，一个人对自己主动选择的工作往往会尽全力将它做好。

3. 适度放权

评价授权效果的一个重要因素是授权的程度。授权过少往往造成管理者的工作太多，下属的积极性受到挫伤；过多又会造成工作杂乱无章，甚至失去控制。授权要做到授出的权力刚好够下属完成任务，不可无原则地放权。

4. 责权相符

权力与责任务必相统一、相对应，权力和责任应该平衡对等。如果下属的职责大于他的权力，那么下属就要为自己一些力所不及的事情承担责任，这样自然会引起下属的不满；如果下属的职责小于他的权力，那么他就有条件用自己的权力去做职责以外的事情，从而引起管理上的混乱。

5. 要有分级控制

为了防止下属在工作中出现问题，对不同能力的下属要有不同的授权控制。比如对能力较强的下属可以控制得少一些，对能力较弱的下属控制力度可以大一些。然而，为了保证下属能够正常工作，在进行授权时就要明确控制点和控制方式，管理者只能采用事先确定的控制方式对控制点进行核查。当然，如果管理者发现下属的工作有明显的偏差，可以随时进行纠正，但这种例外的控制不应过于频繁。

6. 不可越级授权

越级授权会造成中间管理者在工作上处于被动，扼杀他们的负责精神。所以，无论哪个层次的管理者，都不能将不属于自己权力范围内的事情授予下属，否则将导致机构混乱和争权夺利的严重后果。

7. 坚持可控原则

授权不等于放任不管，授权以后，管理者仍必须保留适当的对下属的检查、监督、指导与控制的权力，以保证下属正确地行使职权，确保预期成果的圆满实现。权力既可授出去，也可以收回来。所有的授权都可以由授权者收回，职权的原始所有者不会因为把职权授予出去而因此永久地丧失自己的权力。

总之，管理者在授权时一定要注意权力与责任必须平衡对等，把权力和责任"捆绑"下放，做到权责相应。唯有如此，才能真正发挥授权的效用。

三、让下属自己对自己负起责任

某种意义上说，企业越庞大，授权制度就越重要。因为每个人都有自己的工作职责及工作职权，充分的授权能使每一个团队成员都感觉到自己可以独立判断，对自己的工作负责，而绝不是任人指使。

但在下放权力的同时，管理者也要注意在扩大自主权与加强控制之间取得平衡，既要使下属打破陈规陋习，把自己的才能最大限度地发挥出来，同时又要使其感激于企业的大胆任用，无不尽自己最大的努力，自觉效忠于企业。

这种发挥下属创造性思维能力的法则需要有个前提，就是下属要有很高的智商和强烈的进取心，另外要有负责任的经理可以确保下属不会有越权行为。在这种基础上，甲骨文公司给了下属上进的空间。

一个典型的大胆向下属授予自主权的例子是1986年的某一天，甲骨文的行销总监走进了两个年轻的行销员的房间说："我们要做一本杂志，还要成立一个'用户联合会'，你们两个要做哪个？"随后两个人做出了决定。如今，用户联合会已经有好几万个会员了，每年还办世界性的年会，而杂志的发行量也高达135000份。

甲骨文公司的新下属从当基层下属的第一天起，就不用总是对着上司报告自己的工作、看上司的眼色行事，他们拥有很高的自主性，然而他们必须对自己的工作负责。对公司来说，尽管基层员工有很高的自主权，但他的经理的权力还是比他高，这样在必要的时候，经理们可以通过各种流程来改变工作进程，从而保证整个工作过程的一体化。

在甲骨文公司里，工作流程是放在个人表现之后的，也就是说，公司给予个人完成任务所需的自由空间。有一位研发员刚好是在甲骨文公司股票公开发行之后进来的，并加入了工具事业部。当时他们只有三个人负责建立甲骨文公司的一项核心前端产品。在不到六个月的时间内，这个小团队变成了六个人，这位研发员就成了里面最资深的下属了。这让所有进入甲骨文公司的下属都印象深刻，他们相信可以依自己的想法去创新，而完全没有上层的干扰。

在甲骨文公司，有责任就等于给你创造了机会。一位跳槽到甲骨文公司的女性是这样说的："我一到甲骨文公司就承担了很重要的责任，要负责一大堆各种各样的事情。我影响着产品的方向，筹划业务范围内的所有行销事宜，外出时还不停地打业务电话，而且还要负责许多产品的上市。我在甲骨文公司担任过各种不同的职位，有这么多机会和高层领导工作是让人难以置信的。"

甲骨文公司之所以会聘用这么多毫无工作经验或工作经验很少的下属，是因为新人虽然什么都不懂，但是比较好造就，他们不会把一些先入为主的观念带进工作中。新的甲骨文员工很少有人会说什么任务是不可能完成的，因为他们根本就没有什么经验来判断事情到底可不可能。因此，他们会以创造性的态度面对工作中所遇到的问题，然后会找到正确的答案。

四、权、责、利的划分原则和方法

责任是授权的真正核心，管理者授权的同时必须明确责任，没有责任的授权不是真正意义上的授权。管理者在授权前要对授权的工作进行责任分解，让受权者明确该次授权必须完成的既定目标；明确该次授权涉及的范围和程度，以及这些目标完成时管理者应该采用的检验标准。这样受权者就不会对责任的内容与范围感到困惑。

一般来说，分解责任可按如下步骤进行：

（1）授权前制定明确目标。授权者授权前要对授权工作制定目标，以利于检查监督和受权者顺利开展工作。

（2）避免授权重叠。受权者往往不止一个人，管理者在对多个受权者进行授权时，要将授权下去的任务分成几部分，并将每个部分分配给一个被指定的受权者，让每位受权者对自己的分工都十分明确，不能有重叠的部分，这样才能增强受权者的责任感。

（3）授权者最终负责。授权者对所授权的工作负有最终的责任。

授权者可以通过授权责任测试表对授权责任是否明晰进行评估（参考本章的"授权工具箱"）。

明确双方权责时，授权者必须向受权者明确权责范围，这样一方面有利于受权者明确自己的权限范围，让受权者明白如果不能够完成任务自己在多大的范围内承担责任，可以有效避免受权者推卸责任；另一方面，明确了职责权限，也有利于授权者实现对受权者的考核评估和奖惩，权责范围如表8所示。

表8　权责范围表

明确事项	应注意的问题
明确授权的目标要求	选定授权对象后，管理者要让受权者明白： （1）授给受权者的权力是什么 （2）管理者希望得到的结果是什么 （3）时间与绩效方面的具体要求
明确受权者的权限范围	授权只是在某些条件下处理某些问题的权力： （1）明确指出授权的条件是什么 （2）明确受权者的权限范围 （3）对未经管理人员进一步许可他所具有的自由决策的范围
允许受权者	让受权者参与决策，以确定完成某项工作所需的权力范围： （1）帮助受权者正确评估自己的能力 （2）消除受权者在要求权力时容易带有的自私自利的心理 （3）避免人格上有某些缺点的受权者扩张自己的权力，使其超出所需要的范围或超出自己能力所及的范围
通知其他人授权已经发生	授权不应在真空中进行： （1）应告知与授权活动有关联的其他人，包括组织内外人士 （2）避免不应有的冲突 （3）帮助受权者成功完成所交付的任务

　　授权者的权力就是受权者的义务，授权者的义务就是受权者的权力；反过来，受权者的权力就是授权者的义务，受权者的义务就是授权者的权力。权力的大小决定了责任的大小，也就是说权力所能管理的范围有多大，就必须在多大的范围内承担责任，权力在组织中的分量有多重，承担的责任也应该有多重，因为权力和责任是统一的。授权双方的权重如表9所示。

表9　授权双方权重表

受权者的权力	受权者的责任	授权者的权力	授权者的责任
在权限范围内： （1）自由决策权 （2）决定工作方式和报酬 （3）对组织结构进行重新设计和调整 （4）人事任免权和调动权	（1）完成工作任务 （2）接受上级的监督 （3）向上级汇报工作 （4）接受上级检查	（1）监督控制权 （2）建议权 （3）知情权 （4）验收权	（1）提供信息 （2）沟通协调 （3）资源帮助 （4）承担授权事项的风险

五、保持平衡，预防权责利混乱

有人问"权力没有约束，会走到哪儿停止？"孟德斯鸠回答："直到他受到了限制为止。"但如果权力受到的限制太多，又没法行使，那就不成其为权力了。这个世界是讲求平等、追求均衡的，失衡往往会导致冲突和破坏。授权过程也是如此，权力与责任是辩证统一的关系，它们需要平衡，不能偏重于哪一个方面。

授权中责任与权力的失衡最终将影响授权工作的顺利开展，授权者在划分权力与责任时应当时刻注意保持平衡。

1. 依据事情需要给予充分的权力

首先是权力的设定要建立在事实需要的基础之上。做多少事，给多少权；管多少人，给多大权；调动多少资源，给相应的权。

管理者在授权时要根据以下因素决定授权的大小：

（1）授权事务的重要性。越是与企业整体发展关系重大、对企业影响深远的事务，授权时下放的权力应该越大。这种关系重大的事情一般需要更多的资源与人力投入，需要很多部门的配合，所以相应地需要能得到这些投入和配合的能力。相反，那些日常程序性事务、后勤服务性事务则不需要格外地关注，授予部分执行权力就可以。

（2）授权事务的复杂性。一件事情如果牵涉面很广，或者需要的周期很长，或者是以前没有遇到过的新事务，就可以称为复杂事务。这样的事情往往有很多不确定的情况，或者在技术上、管理方式上要求很高，需要授予下属更多的决策自主权。

（3）授权的目的。如果仅是为了完成任务，取得成果，则所授予的权力不要太多。但是如果要通过授权试验新方法、开辟新业务，则授予的权力需要更全、更大。

（4）受权者能力。要考虑受权者能力大小，斟酌授予下属多少权力。能力强者可多授权，能力弱者可少授权。

2. 责任需要依据权力大小设定

权力的大小决定责任的大小，也就是说权力所管理的范围有多大，就必须在多大范围内承担责任；权力在企业中的分量有多重，承担的责任也必须有多重。比如说授予了调用资金的权力，就必须承担使这一部分资金保值增值的责任；授予了人员调动的权力，就应承担这些人在工作效率、效果及情绪方面的责任；授予多少的决策自主权，就应为每一项决策的风险承担责任。

3. 责任应该双方共同分担

权责平衡的一个重要的条件就是授受双方的责任分担。鉴于授权只是管理者将自己手中权力的一部分下放给下属行使，所以不可能让下属承担全部的责任。

相对于受权者来说，管理者处于优势地位，更容易推卸责任，所以更应该注意责任的分担问题。

（1）对自己保留的权限承担责任。管理者既然要保留很大的权力，就应对保留的权力承担责任。比如保留了人事安排权，就应为出现人员短缺或用错了人的事实承担责任。

（2）对不能归因于下属的过失承担责任。很多时候，授权以后的工作遇到了障碍或者遭受了挫折，不能归因于受权者，这时候让下属承担责任对下属是不公平的。可这个责任也不能无人承担，管理者理所当然地成为此时的责任承担者。

（3）为下属的过失承担部分责任。下属如果犯了错，一种可能是下属没有承担全部责任的能力，下属承担不了的部分必然由管理者自己承担；还有一种可能，就是在特殊情况下，为了授权任务顺利完成，管理者应容忍下属犯错误，免除下属的责任，或者把责任转移到自己的头上来。

4. 正确对待结果与责任的关系

人们往往只能依据结果来划分责任，要真正做到权责平衡，还必须正确对待结果与责任的关系。

（1）结果往往是多方面原因造成的。只能让受权者为自己的原因造成的结果承担责任，而对于并非由受权者的原因造成的结果，授受双方可以协商责任分担方案。

（2）在部分授权关系中，过程比结果更重要。特别是试探性、创新性的授权任务，结果难以预期，划分责任应当更多地依据工作过程中的表现。

（3）授权工作的结果可能具有多样性。进行预先控制需要有预先确定的目标和预期成果，如果结果与管理预期不一致，但下属又没有明显的过错，那责任划分就要另行商议了。这种情况下应客观公正地评定结果，科学地划分责任。

权责平衡是维持授受关系稳定，保证授权工作顺利完成的一项重要原则。为了稳定受权者的工作热情，减少授权过程中授受双方的冲突，授权者应理性地划分权责，努力做到两者之间的平衡。

六、授权的同时，要授予相应的资源

管理者授权的目的是要让员工更好地完成工作，而这一工作的交代必定涉及其他人。这就要求授权应让相关的人都清楚授权已经发生，否则可能引起不必要的冲突，还会降低员工完成任务的可能性。

资源配置方式是授受双方权力划分的依据之一，但鉴于资源分配对于授权工作是否能够达到预期目标有着至关重要的作用，因此需要格外注意。授权者可分配的资源有：

（1）信息资源。受权者可以调动哪些信息材料、后续信息的来源渠道、对各种信息的处理方式等都应明确。受权者可以调用哪些信息材料，哪些不能调用，应做出明确的规定；主要向什么部门、什么人要求新的信息资源，受权者自己能够采取什么方式获取信息；信息处理方式包括信息是否可以公开，应由哪一层级、哪一个人具体掌握等。

（2）资金。受权者可以调动哪一部分资金，可以调动多少资金应有明确规定。在大多数情况下，授权者还应对资金的用途和投向进行约束。

（3）物质资料。受权者不可能赤手空拳地完成任务，特别是在生产性组织中，要通过授权完成生产任务的话，授权者必须对受权者可支配的能源、原材料、机器设备及辅助材料等作出具体规定。

（4）技术与人员。光杆司令是打不赢仗的。要让受权者高效、快捷地完成任务，授权者必须为他分配一定数量且有相应技能的人员。

授权是一种复杂的综合性管理手段，要让下属准确领会管理者的意图，合理安排授权上作，管理者必须注意明确授权事项。授权者将授权的各方面内容都确定下来，不但能指导受权者工作，也能保持组织关系的稳定，不使授权冲击到组织其他正常工作的开展。

一般来说，如果管理者对受权者有足够的尊重，受权者是愿意全力施展自己的才华，尽可能把工作做好的。所以授权工作展开之后，它的成败往往不是取决于人的因素，而是取决于物的因素。越是重大的授权任务，需要的资源越多越复杂，越需要管理者提供后续资源的保障。

要成大事业必有大牺牲，自古皆然。所以，管理者在确定了任务、选定了受权者之后，不能吝惜资源，不应使资源问题成为授权工作的瓶颈。

1. 做一个让下属信赖的资源供应者

管理者在自己的职权范围之内可以调动许多资源，而这些资源很有可能就是下属需要的。一般而言，管理者能为下属的工作提供绝大部分的资源。所以关键问题不是提供些什么，而是用什么方式提供以达到激励效果。西方管理学家为资源提供者设计了一个四句式问话，目的是使下属感受到来自管理者的关怀：

"你的工作需要什么资源？"

"请将你所需要的东西详细列出一个清单交给我。"

"我这里有些什么资源？"

"我这里有你需要的，你可以随时调用。"

重要的是不要让下属觉得自己是在向管理者乞求资源，而是管理者在尽一切努力主动满足下属工作的需要，在主动配合受权者。

2. 做一个利益协调者

如果授权工作比较重要而复杂，则所需要的资源很有可能超出管理者的权力范围，需要其他的部门帮助解决。这个时候，下属出面向其他部门要资源是不合理的，他们没有这个权力或资格。管理者应出面，凭借自己所掌握的正式权力，依据组织的规则来协调部门利益，要求其他部门提供资源支持自己所授权的人的工作。

管理者应该向其他部门出具所需资源的清单及理由，并与他们协调各种资源的配置先后顺序及数额，以利于组织整体发展。

3. 做下属科学利用资源的建议者

提供资源的同时，管理者还须向下属传授配置和使用资源的方法。相对于下属来说，管理者应该更具有资源配置和使用的经验，他们所处的位置比下属更了解组织的总体目标和要求，以及对资源配置的安排，所以能够更合理地利用各种资源。

帮助下属安排各种资源的使用，给他们提出资源合理配置的建议，使他们能以更少的资源完成更多的工作，这是提高管理者授权工作的效率和效益的一种有效途径。

许多管理者对下属要求的资源从不拒绝，而对他们怎样用这些资源从不过问，这在表面上看起来是对下属的尊重，实际上是对组织的不负责任。干预资源配置只要是在合理的范围内进行，不但不是对下属授权工作日的扰乱，反而是一种帮助。

4. 做下属的权力维护者

当下属对授权工作所需的资源全部掌握之后，下属对这些资源享有的支配或使用权还是避免不了会受到来自各方面包括管理者自身的干扰。下属很难和其他人对资源的要求进行对抗，尤其是比他所处层级高的人提出的要求。原因是下属的权力是非正式的，甚至是临时的，当受权者出现资源支配权遭受干扰的情况时，下属只能将希望寄托在自己的上司手里，希望上司庇护他们，用正式的权力来维护他们的权力。拥有稳定且充足的资源，授权工作就成功进行了一半。

管理者要想让下属最大限度地发挥出自己的聪明才智，取得最好的工作成果，就有必要做下属的资源提供者以及权力维护者，并且为下属使用资源争取权益。这不仅是对下属的支持，也是对企业的负责。

七、企业管理者的授权风格

授权者的风格包括主导型、教练型、顾问型、协调型等几种类型，下面分别就几种风格类型进行简要说明。

1. 主导型授权风格

主导型授权风格的企业管理者会非常详细地制订出工作执行计划。他们下达完明确的指令后，就会密切地监视受权者的工作进程。受权者需要告知每个人在每一阶段的工作任务。他们对自己的员工在工作完成方式上的任何自由度都不允许，也不会解释工作为什么这样完成。

【优点】时间紧迫时能够迅速决策；目标和绩效显著；基本上不会偏离管理者所定的方向；极少出现潜在错误。

【缺点】个人或团队几乎没有什么参与感，缺乏工作意愿；团队不积极，团队成员不容易获得提升；占用管理者太多时间。

【适用情况】团队成员严重缺乏经验，尤其是在处理重要工作和时间异常紧迫时。如果可能的话，企业管理者可以授权给经验丰富的团队成员来操控。

2. 教练型授权风格

教练授权风格的企业管理者一般会对受权者的工作进程进行密切监

视，但通常不会下达强制指令。他们将工作任务作出解释，让员工按部就班地进行工作。只有在他们认为有必要或是上司认为需要主动提供支援时，他们才提供建议或支援。

【优点】团队成员可以借着学习来创建信心，降低犯错的风险；鼓励他们敢于承担任务风险。

【缺点】可能在相当长一段时间内对员工学习的快慢进行监视会令团队成员养成依赖心理。

【适用情况】团队成员具备一些经验，但依然需要管理者对他们进行某种程度的协助。

3. 顾问型授权风格

顾问型授权风格的企业管理者会授予受权者更多的自由空间。工作按一般的方式进行规划，授权者会对负责人的工作方式进行询问。二者就工作方式进行讨论并最终达成一致。授权的员工与团队需要投入很大的精力，授权者要明白他们是否需要提供额外的帮助或支援，以便受权者需要支援之时，可以提供确实有效的支援。

【优点】不占用管理者太多的时间；能提高下属的工作意愿，且能鼓舞他们承接任务；团队成员能提出建议与改进方案。

【缺点】决策过程可能会浪费大量时间；团队成员会时常来请教管理者。

【适用情况】团队成员有较为丰富的工作经验，可以提出切实可行的解决方法，不需要管理者总是在一旁守着，在碰到复杂的问题时需要管理者提供协助。

4. 协调型授权风格

协调型授权风格的管理者会给工作人员指明方向，而不是明确的做法。授权时，管理者同意员工有一定的自由度，但他们必须报告进一步的工作成果。通常，他不希望工作人员寻求支援和建议。

【优点】让管理者有最多的时间去做其他的事，团队成员能独立作业，能主动、有干劲和决心地完成工作。

【缺点】团队可能会变成一盘散沙。

【适用情况】团队成员有丰富的经验和十足的干劲，能独立作业并解决大部分的问题。

八、授权人要调整的心态

授权人在授权时主要有以下几种心态：

1. 怀疑员工的能力的心态

对许多主管来说，授权不是"能不能"，而是"肯不肯"的问题。主管的心态决定了授权是不是"伪授权"，是不是"空壳授权"。授权人的正确心态是授权成功的起点。公司需要营造包容的管理环境，授权人应有开放和信任的心态。因此，授权人一定要摆正心态。如果抱有以下的心态，必须在授权前就进行适当调整。

很多管理者觉得下属"能力不够，不能胜任"，于是很多一般性的、例行性的任务都被批上"重大任务"的华丽外衣，非自己亲自操刀不可。

许多管理者不信任受权人的能力，担心他们并不能完全地自由运用权力和作出正确决策的能力，觉得与其授权，还不如亲自解决。

产生这些担心的原因可能是由于有些员工的工作绩效总是不能做得像你预期的那样好，一味地批评抱怨又不能解决问题。也许你会认为，员工们连现有的工作都做不好，怎么可能承担更大的责任？乍听起来，你似乎是位体恤下情的好领导，但不会有人感激你。

事实上，每个人的能力都是在工作实践中锻炼出来的，没有哪个人的能力是与生俱来的，包括管理者本人。俗话说："强将手下无弱兵"。员工不成长也有领导的责任。如果你的员工在工作能力上乏善可陈，问题很可能就出在你的身上。

在自然界，老鹰会把自己的孩子逼向悬崖，以迫使胆怯的雏鹰学会飞行。你也应该问问自己，是不是由于你的这种"体恤"，让公司养了一群永远也张不开翅膀的雏鹰？很多优秀员工的流失不是因为你的"体恤"，而是因为没有足够的施展才能的机会。他们不希望自己变成对工作满不在乎的懒人。他们和你一样，渴望接受挑战、面对挑战、战胜挑战、获得成功——但是，如果你不授权的话，他们怎么有机会实现理想呢？这就是为什么很多离开原来公司的员工到了其他公司都成为"能人"的原因。

如果你怀疑员工的人品，应该问问自己"是不是因为我没有通过信任来激励他们"；如果你怀疑员工的工作能力，也应该问问自己"有没有对他们进行必要的培训或给他们锻炼的机会"。你应该反复寻找失利的原因，然后和大家一起探索提升业绩的办法。信任产生激励，通过你的信任、鼓励和培养，你的下属终将会成长为一个真正值得信赖的人。

2. 下属不应参与决策

不少管理者认为下属不应该参与决策，因为他们没有高度，不了解公司的发展规划，不能够真正理解他们被授权后制定的决策会对公司产生多大的影响。

他们为什么不了解公司的发展规划呢？因为你没有告诉他们，更谈不上去赢得他们的深刻认同。

有一些管理者故意把管理信息搞得神神秘秘，以致无法在公司内实现正常的信息传递与分享，甚至连一些重要的信息都不告诉自己的员工。也许他们觉得只有这样才能树立管理者的权威，牵着员工们的鼻子走。事实上，这些信息对于员工们顺利展开工作十分重要。

这种信息屏蔽的管理思维不是光明思维，让员工坐井观天，员工只能指哪打哪，而管理者以员工的没有高度、无能来烘托自己的高度和自保地位。

但是，如果你的员工无法分享公司的发展规划，他们怎么会关心公司的未来呢？公司的发展远景有赖于所有人的努力，特别是那些在其工作领域内堪称专家的员工，更是能为公司实现远景目标铺就道路。你怎么能够把他们和公司的远景规划分开呢？

实际上，真正的共享式的管理氛围是高度的共享。要发挥下属的能力，就要摒弃传统的命令式的管理方法，通过协作式的管理，调动下属参与决策的积极性，提高整体工作效率。

3. 认为下属不想担责的心态

作为一位管理者，很多时候你会装出一副很信任下属的样子。然而，很多事实证明，你还是放心不下。在具体的工作中，你没法不去过问或干预下属管理人员的工作，甚至把一些关键的环节留给自己亲自操作。你在自己的心里一直打着问号："我的下属会像我一样尽职尽责吗"？有些管理者会认为："现在的员工哪有几个能把工作当成事业的，企业不是他的，他怎么能像我这么尽心？"他们担心下属敷衍了事，工作态度不端正。

很多企业的员工都习惯于在管理者的命令下工作，大部分的权力和责任往往由管理者拥有和承担。一旦员工需要为自己的行为结果承担责任时，他们就可能会担心他们是否要为其所犯的错误承担责任。而一旦他们犯了错误，他们担心可能会被责骂，甚至担心可能会失去工作。正因为这样，有些管理者认为下属不愿去承担更大的责任。

实际上，根据马斯洛需求理论，"自我实现"是一个人的最高需求，每一个有抱负的员工都希望有施展才华的空间，希望自己受到重视，承担更大的责任。当你信任他并授予其权力时，他的责任心将在追求成就感的过程中发挥得淋漓尽致，并长期的有效授权有利于企业营造权责明确的文化氛围。

如果怀疑下属的责任心，不敢给他授权，那么出了问题他将会以"这件事情我无权管辖，我不负责任"为借口而推卸责任。长此以往，员工的责任心将会散失殆尽，这种结果往往是管理者一手造成的。

另外，管理者和员工也很容易在解决问题的方法上产生分歧。由于你相信自己的经验，甚至会强迫下属执行你的意见，致使下属不愿意对任务负责。

其实，条条大路通罗马，问题的关键不只是途径、方法，还有结果。一些具体的处理细节，你完全可以授权给自己的下属来全权处理。在此过程中，也许下属能够创造出更科学、更出色的解决办法。

4. 害怕承担风险的心态

授权是有风险的，管理者把某项工作授权给下属完成，无论出现什么结果，第一责任人是管理者，管理者有义务去承担这种风险。

很多管理者之所以对授权特别敏感，是因为对承担风险有恐惧感。在授权的时候经常考虑到授权后一旦出错，自己要承担责任而不愿意授权。他们害怕失去对任务的控制，担心"放权容易控制难，权力一放，就很容易失控，后果很可能就无法预料了"。

实际上，这是对授权后执行过程的不放心，说明企业缺乏优秀的授权机制，企业的控制管理水平已不能适应企业发展的需要，管理者还在准备着充当"救火队长"。

问题是：难道你非得把任务控制在自己手中吗？可不可以通过合适的手段避免任务失控呢？因为真正的授权并不是放任不管，授权还有监督和控制。只要能够保持沟通与协调的顺畅，采用流程、制度，加上"关键会议制度""书面汇报制度""管理者述职"等手段，强化信息流通的效率与效果，这样一来，在完成任务的过程中失控的可能性其实是很小的。在授权时沟通明确，尽可能地把问题、目标、资源等，向下属交代清楚，也有助于避免任务失控。

九、受权人的心态分析

被授权人需要具有正确的心态：

1. 角色切换——了解权责的时效性

有些授权是阶段性的，如负责一个临时组织、主持一个临时会议、协调和处理临时问题。这时或许会临时调动级别相当的员工来协助和配合受权人的工作，一旦阶段任务结束，这种授权就画上了句号。在受权的过程中，无论对人对事都要把握好运作节奏。一旦时效已到，不管该工作完成得怎样，受权者必须从心底里彻底认定已经结束。不可因为工作出色而洋洋自得，或因为工作失败而沉湎于消极中。只要自己已经尽力和上司认为你已经尽力就可以了，继续干好自己的本职工作，才是正确的做法。

2. 善用权力

一方面，既然上司已经给你授权，这时需要的不是谦虚与低调，受权人应该在该职责范围内立即行动并发挥能力，不应推来推去、敷衍了事。否则，上司会误以为你的能力有限、忠诚度不高、上进心不强，从而让他怀疑自己的授权决策，过早地收回授出的权限。

另一方面，不要越权。有些受权人会因为得到上司的信任和"重用"，在上司的授权范围内独断专行，或者经常以上司的身份干预权责之外的工作等，这些都是对权力的"滥用"。

受权人应充分理解上司授权行为的目的，并立即制定受权后的工作规划，再付诸大量的实际行动实现授权目标。这样才能把握机会，同时也避免对整个团队造成损失。

授权工具箱 授权责任测评

表10 授权责任测试表

问　题	选	项
1. 授权时是否明确告诉受权者授权工作的目标	是	否
2. 是否制定责任分担比例	是	否
3. 是否允许受权者参与制定责任分担比例	是	否
4. 受权者在工作中是否有充分的自由	是	否
5. 你是否认为你应当为你授权的工作承担责任	是	否
6. 是否知道受权者以何种方式去完成所指派的工作	是	否
7. 是否对受权者个人表示了适当的关怀	是	否
8. 是否适当地评估了受权者的长处短处，并使得他们都能各尽所长	是	否
9. 是否采取多种形式，给予受权者适当的支持	是	否
10. 是否经常鼓励受权者而非责难	是	否

说明：

选"是"越多，说明你把你的授权工作的责任分解得越详细，你和你的受权者之间关于责任的分担方式都有明确的认识，你也认识到你应当对你授权的工作负有最终的责任；如果答"否"较多的话，就说明你对你的授权工作的责任划分不够明确，你的受权者也不知道如果完不成授权工作，自己所应承担的责任是什么。

第六章

授权时的难点和误区

许多管理者在没有充分了解授权的利弊之前就煞有介事地考虑授权，这其实是对工作的不负责任，很容易走入授权的误区。授权工作中有许多认识和操作上的误区，如果走入了这些误区，授权不但不会给组织带来任何好处，反而可能造成工作上的障碍。

一、企业管理中存在的授权障碍

企业管理者在授权经营时存在三种障碍：不愿授权、不敢授权和不会授权。

1. 不愿授权

为什么企业管理者不愿授权呢？很多企业家将企业当做自己的孩子，他们认为：我把企业养大了，如果交给别人经营，办砸了怎么办呢？

但是，请大家注意，当企业发展到一定规模时，企业就不再是企业家本人的，它更属于社会。如果总是将企业当做自己的私有财产，企业就容易做不大、做不强。而且，当企业管理者不愿意授权时，其他人有可能都在授权，而当其他人把企业做大做强时，我们面临的压力会更大。

不愿授权的企业管理者往往有以下担心：

（1）授权会损害自身利益

在他们看来，任何事情都由自己做决定才能显示出管理者的权威和能力。如果把权力授予别人，一个人的决定权就会减少，被授权人可能会不再听从自己的指挥和领导，在做事过程中也会遇到种种阻力，最终会损害自身的利益。

（2）领导地位会受到挑战

一些企业管理者担心能力出众的下属潜力太大，有可能会抢占自己的领导地位，如果将权力授予他，无形中也会为自己树立一个竞争对手。

另外，还有一些企业管理者将权力作为自己地位的保障。如果他们授予了更多的权力，被授权人可能会无视其领导角色，他们就无法对被授权人实施有效的控制，所以，他们将权力紧紧地握在自己手中，不愿意授权。

一旦管理者不愿授权，企业内部就容易形成一个恶性的生态循环。在这个生态圈里，下属容易不思进取，管理者容易事必躬亲、过度操劳，人才进不来也留不住，最后企业只能面临萎缩的局面。

2. 不敢授权

有些企业管理者担心将权力授予之后，会出现失控的局面。他们担心企业的机密外泄，担心被授权人和自己平起平坐，所以不敢授权。越担心的事情越容易发生，办企业就是要面临很多风险，如果企业管理者不敢面对企业内部风险，还谈何应对外部风险？

员工是企业最大的财富。办企业不是几个企业管理者的事，而是全体员工的事，是企业文化、制度、产品、人员等综合运营的结果。所以，有时候不是企业管理者敢不敢授权的问题，而是必须授权。

一些企业管理者错误地认为将权力授予下属、让下属帮自己做事，加重了下属的工作负担，担心下属会认为自己在推卸责任，所以他们就不敢授权下属做事情。这样的企业管理者属于"死要面子活受罪"，他们背负着一个坚硬的外壳，不敢将责任分担给大家。

还有一些企业管理者不敢授权的原因在于，他们担心一旦将权力授予下去后，下属却把事情办砸了，企业要蒙受很大的损失。其实，人都是在错误中成长的，如果一味担心下属犯错而不给予他们成长的机会，下属就永远不能进步，最终企业的所有问题都要由企业管理者自己承担。

授权经营是培养和激励下属的过程，企业管理者应为下属提供成长的机会，让下属承担更多的责任，从而为自己分担工作。作为企业的管理者，不要担心下属犯错误，恰恰要鼓励他们创造性地开展工作。企业管理者还应该记住一点：错误是授权的一部分。在授权过程中，下属犯错误属于正常现象，尤其是在授权刚刚启动时，下属由于初次独立做决策，出现失败和错误都在所难免。企业管理者应该预期到并接受下属犯错误，同时也要意识到自己对这些错误负有义不容辞的责任。

其实，下属的错误对于企业来说并不能完全记入"损耗"，有时还会是"经验"，下属不断地累积失败的教训，再次执行任务时他就会知道该如何处理类似的情况。这对下属来说正是要成长的地方，而对于企业来说，则是培养人才、提升管理的良好契机。所以说，企业管理者要宽容豁达，甘当扶梯，敢冒风险，勇于承担责任。如果下属真的把事情办砸了，应勇于为其承担责任，而不是推诿。

3. 不会授权

有些企业管理者愿意并且敢于授权，但是缺乏授权的能力。他们不会授权，不会选择合适的被授权人，不能有效地培养被授权人，不会和被授权人沟通，授权出现问题后也不能及时调整。即使被授权人培育好了，了解了企业的价值观、使命和愿景，但是由于缺乏企业培训、制度建设、文化领导、流程建设等支持系统，被授权人往往不能实现授权目标。

授权经营是一个系统工程，包括"道"与"术"两大方面。企业管理者为了更好地授权经营，就必须从"道"和"术"两个方面进行建设。

权力是一种社会资源，任何人都不能也不可能独占。不愿授权、不敢授权和不会授权的企业管理者，应该反思自己的问题。如果能跳出自我，由己及人，他们就能看到如果他人没有给自己权力，给自己机会，自己就不可能成长。

授权不仅仅是把一部分权力授予下属，还把与"权"同时存在的"责"也分散了下去。管理专家罗马曾说过："责任是某人肩负的某种东西，无人能授予它。一个负责任的人将永远负起责任，而一个不负责任的人永远都必是不负责任的。"一个信心十足的被授权人应该大声说："我不怕失败，我愿意充分接受挑战！我愿意承担责任！"一个聪明的企业管理者应该看到，承担责任是成功者的第一品质。对于成功者来说，责任是成长的机会；而对于胆小者来说，责任只会带来压力。

二、授权的时候要不要"留一手"

朱东是某公司的市场总监，也是公司的元老之一。从公司成立至今的四年中，有70%的重点客户都是他跑出来的。随着公司的业务规模越来越大，朱东的工作量也越来越大。为了减轻朱东的压力，公司老总特意通过猎头挖来了一名"海归"MBA小李任朱东的总监助理。起初，小李只是帮助朱东做一些内部管理工作，但一段时间之后，小李要求参与一些诸如重要客户谈判之类的核心工作时，朱东开始有些担心了："小李的工作能力是毋庸置疑的，如果他过多地接触一些核心工作，而且又做得比我出色，会不会有一天取代我的位置？"

其实朱东这种"留一手"的考虑大可不必。作为领导，应该亲自去做那些有战略意义、不能完全授权的事，比如重要客户、公司长期发展战略、接班人问题、财务、融资、长期激励机制、公司运营机制等这些决定公司成功的关键要素。做好这些事情，管理者的地位不仅不会受到影响，反而会更加牢固。丰田公司的"首席工程师"制度就是彻底授权精神贯彻者。

丰田公司为了加强新产品的开发，设置了"首席工程师"一职，并授予广泛的权力。首席工程师除了有权决定新型号汽车的设计之外，还负责全盘考虑新车的市场前景，统筹生产各个环节，选择零部件供应商，洽谈销售业务，对于可能影响未来车型的各种问题，及时加以解决，使产品更好地适应市场的需要。丰田自实施首席工程师制度以来，新车型从概念变成商品只需要不到四年的时间，而美国则要五年多，德国更需七年之久。

丰田公司之所以能取得如此的成就，在于公司的高层能把部分权力彻底下放，给下属留有倾其所能的发挥空间。

然而，在有些企业组织结构中，授权常被人误用。许多身为管理者的人，虽然天天喊授权，但却总是不够彻底，许多事情虽授权给下属，还是天天盯在屁股后面干涉，而美其名曰"监督、指导"。这种不彻底的授权常会干扰组织结构的运作，抑制了下属的权力，因而导致效率的降低。

授权是一种复杂的综合性管理手段，授权是企业管理中的重要组成部分，也是企业管理者要学习和掌握的艺术。为了提高决策的效率，充分调动员工的积极性，企业管理者就必须学会充分的授权。

管理者要明确授权事项，要让下属准确领会管理者的意图，合理安排授权工作，不要总有"留一手"做法。在授权中，管理者具体应如何做呢？

（1）明确授权任务。明确授权任务是要让受权者明白要做什么，从哪里着手做，为什么要这么做。

（2）管理者要有具体的授权计划，其中包括书面形式的授权书、详细的授权计划以及授权所要达成的最终目标。同时要明确该次授权涉及的范围和程度，以及这些目标完成时授权者应该采用的检验标准。

（3）权力授予。授权者有必要就职责担当与受权者进行有效沟通，所有职责或责任的下达都有必要要让受权者非常明确他要完成的职责以及你的期望值，授权者要和受权者达成一致。分派职责，就必须赋予其一定的权力，当然应该相对地给予受权者的这种权力，伴随授权的执行，权力的大小随时会有调整。

（4）明确授权要达到的目的。授权都是为了希望实现一定的目的，或者是取得某种成果，也或者是为了人才的培养，或者是试验新的管理模式。授权的目的就是事先明确并告知受权者，使他们在执行任务过程中更加顺利。

（5）授权后也要适时闻问。授权后并不意味着从此不闻不问，依然要留意员工的状况，并适时给予一些可行性的意见指导。如果任务尤其强调"准时"，也可以提醒他注意进度和时间。

（6）为下次授权做"检讨"。每次进行授权后，管理者应找员工商讨他这次的具体表现，以便该员工能够检讨改进。管理者也最好让员工叙述自己在这次过程中学到了什么，再与管理者本人观察到的状况相配合，当作下次授权的参考。

三、授权避免指手画脚式的多头管理害

多头管，是指多个部门就某一项公共事务共同管理，但是彼此之间没有理顺权责关系，从而造成效率低下、效果很差等问题的管理方式。

一件事情最好只由一个人来负责，这样才能明确掌控局面，对后续之事才能够有明确的展望与预期。若多人负责，就会造成任务执行过程中的混乱，导致任务的失败。社会亦如此，企业如此，部门如此。

妇产科护士长黛安娜给巴恩斯医院的院长戴维斯博士打来电话，要求立即作出一项新的人事安排。从黛安娜急切的声音中，院长感觉到一定发生了什么事，因此要她立即到办公室来。五分钟后，黛安娜递给院长一封辞职信。

"戴维斯博士，我再也干不下去了，"她开始申述："我在妇产科当护士长已经四个月了，我简直干不下去了。我怎么能干得了这工作呢？我有两个上司，每个人都有不同的要求，都要求优先处理。要知道，我只是一个凡人。我已经尽最大的努力适应这种工作，但看来这是不可能的。让我给您举个例子吧。请相信我，这是一件平平常常的事，像这样的事情，每天都在发生。"

"昨天早上7:45，我来到办公室就发现桌上留了张纸条，是杰克逊（医院的主任护士）给我的。她告诉我，她上午10:00需要一份床位利用情况报告，供她下午向董事会作汇报时用。我知道，这样一份报告至少要花一个半小时才能写出来。30分钟以后，乔伊斯（黛安娜的直接主管，基层护士监督员）走进来质问我为什么我的两位护士不在班上。我告诉她雷诺兹医生（外科主任）从我这儿要走了她们两位，说是急诊外科手术正缺人手，需要借用一下。我告诉她，我也反对过，但雷诺兹坚持说只能这么办。你猜，乔伊斯说什么？她叫我立即让这些护士回到产科部。她还说，一个小时以后，她会回来检查我是否把这事办好了！我跟您说，这样的事情每天都要发生好几次。一家医院就只能这样运作吗？"

黛安娜苦恼的根源在于有两个上司，两个上司在同一时间经常分派给她职责范围外的新工作，而且还要求她在最短的时间内完成，最后迫使黛安娜因不堪重负递交了辞职信。表面上看好像是由于黛安娜工作不力，实质上是由医院管理架构的设置错误和多头的管控造成的。

微软中国区终身荣誉总裁唐骏在谈到什么是好的组织架构时说，当组织架构中的每一人只知道自己的上司只有一个，自己只需要服从一个人的指挥时，这个组织架构就是最好的。只有在企业长期工作、经过辉煌复归平静的人才有这样深入的思考与感悟。

唐骏经常在演讲中提到自己的管理理念——"我的管理理念是'简单+勤奋'。把复杂的事简单化，管理组织架构的简单化，管理内容的简单化，业务模式的简单化。"简单就是大美。唐骏悟透了管理的真谛。管理架构设置的错误会导致多头管理或者无人管理，多头管理必无所适从，混乱与低效便由此产生。

（1）管理者之间要加强沟通。多头管理苦了员工也苦了上司，管理者之间也要经常沟通，尤其是工作或员工有交集的时候。沟通的结果是和谐让步、达成共识，或者修改制度增加岗位，无论如何把问题反映出来才能解决，而不是隐藏在企业内部直至更多的"戴安娜"辞职。

（2）管理者和员工的沟通。授权是受工作状况和环境制约的，与员工沟通是看员工的工作能力和压力，然后根据情况授权授责。员工应该坦诚地向上司说明情况，而不是怕领导不高兴，怕领导没面子等。

（3）授权后的观察是关注工作进展的有效手段。没有一个管理者对员工是绝对放心、绝对信任的。观察比监督要简单一些，如在工作执行中遇到了问题，员工是不是发现了？发现了是不是解决了？没有解决的话是不是反映了？这些都应引起管理者的注意。

多头管理不是互相推诿、疏于管理，就是各行其是、乱于管理，其结果都是1+1<1。多头管理既浪费人力、物力、财力，还造成效率低下、效

果很差，是一种不科学、不合理的管理方式和管理体制。

四、管理者如何防止重复授权

授权是为了提高效率，但如果很多人都被授权去干同一件事情，效率还能高吗？或者一个很能干的下属总是不断地被要求在一件任务上改来改去，效率能提高吗？错误的命令或不当的监督会破坏授权的正常进行，重复授权更是会大量地浪费人力物力，使授权失去意义。

重复授权产生的主要原因在于管理者的错误指令和不当监督，所以，要避免错误授权，必须从管理者自身做起。

1. 杜绝越级授权

越级授权可能导致授权工作在不同层级或者不同部门之间出现重复。所以，管理者必须时刻谨记不要越级授权，并且及时在组织内部通报授权决定，以防止出现重复授权。

2. 贯彻管理宽度原则

管理宽度原则也是一种有效的防止出现重复授权的方法。在授权过程中，如果能够确立一个模型，将组织的总目标和为完成总目标而划分的分目标分门别类，拟定每个分目标所需完成的任务和需要配备的人员，以这个模型为依据，结合每个人可能承担的最大任务和能力限制，划拨人员和任务，可以较好地避免出现重复授权。

根据目标体系来划分组织结构和划拨任务，是科学设计组织结构的一个非常成功的管理模式。它可以让管理者通过一个直观的模型看到组织层级、部门应该如何划分，看到各种任务应该如何安排，各类型人员应该如何配置。从而实现以最少的人员，最简单的安排达到工作效率的最优化。

所以，如果条件允许，应该首先在组织中建立目标体系以及基于此模型的管理模式，设计出具体的授权方案，减少交叉重复。

3. 杜绝虚假授权现象

还有一种授权现象易于导致重复授权，那就是虚假授权。虚假授权关系中，管理者并没有把权力真正下放，而受权者也不能或不愿意真正承担起责任。管理者与受权者在授权关系中都处于不明确的地位，很有可能导致授权决定不断重复，但授权任务却经常不能真正落实的情况，这可以通过管理者自我约束来避免。

（1）管理者避免插手授权任务，剥夺受权者权力后又重新授权。管理者有时候是出于自身事务的需要，有时候则纯粹因为习惯和责任感，还有想进行善意的督促而越过了授权关系的限制，直接干预了下属的权力和工作。这种干预和插入对于管理者来说是轻而易举的事情，但是下属的权力却因此被实际剥夺了，成了虚假的权力。

管理者醒悟过来或者经下属的提醒、抗议后，会自觉或被迫从对下属的干预中退出，重新确立授权关系。然而授权关系的重新确定已经不可能完全与原授权关系一致，是一种浪费的重复。

（2）防止受权者推托部分责任，导致权力反复转移。下属虽然接受了授权任务，但是每当遇到障碍或重大决定时，都不自主解决而请示上级，使授权工作成了纯粹执行命令和指示的过程，这也是一种虚假授权。虽然授权决定存在，但其实真正的权力根本放不下去，所有的决策还需管理者亲自做出。

管理者本为减轻负担而授权，负担却最终落回到自己身上，这就必然会出现授权——推托——再授权的恶性循环，授权不断重复进行，而任务却被耽误了。

（3）防范虚假授权要求管理者高度自觉。一方面管理者要严格遵守授权关系的界限，约束自己的权力，不使自己的管理触角延伸到受权者的权力范围之内，不以权压人；另一方面也要谨慎选择授权对象，不向那些不负责任、崇尚虚谈而无真才实学的人授权，以免出现权力的反向传授。

重复授权是与授权的高效性相违的，是对授权关系的严重破坏和对资金、人员等资源的极大浪费。只要重复授权存在，授权带来的利益就难以实现。认清重复授权的危害，找到重复授权的原因，采取有效措施防止出现重复授权，管理者才能真正达到通过授权减轻负担，通过授权提高效率。

五、授权非交易，"授"权非"售"权

授权虽然重要，但并不是每一个管理者都会授权，授权不当比不授权造成的后果更严重。管理者在给下属授权时，既不能推卸责任或袖手旁观，也不能强人所难。授权不是交易，授权要遵循几项一般性原则。

1. 授权必须综合考虑组织状况

在授权的时候应以组织的目标为依据，在分派职责和委任权力的时候，管理者应围绕着组织目标进行，只有为实现组织目标所需要的工作才能设立相应的职权；授权本身要体现明确的目标。在分派职责的时候，应该明确下属的工作目标和标准，还要规定达成目标会有什么样的奖励，这样可以使下属明确自己的目标和责任。

2. 授权最好采用单一的隶属关系

企业有多个部门，各部门都有其相应的权力和职责。管理者不可交叉授权，否则会导致部门间相互干涉，甚至造成内耗，形成不必要的浪费。让一个人负起责任比让几个人共同负责好，企业里的连带责任最后往往都变得责任不清，双方都认为对方会处理，大多会发生袖手旁观不负责任的情形。组织是目标连锁，承认目标者从负有达成这个目标的责任立场来说，责任应给予一个人，而不是两个或两个以上的人。

3. 互相信赖

授权之后就要完全地信任对方，绝不去干涉。要做到这一点，就关系到做领导的一个条件了，那便是慧眼识英才。一个领导要处理的事情中最重要的是"生产、财务和人事"，生产和财务两项都是可以预估的，唯独人事是极大的变数。如何使一个人在他的工作环境中发挥所长，是管理者面临的最大难题。当然这也牵涉到职位的晋升、合约等，而最好的方式，便是告诉下属他的工作性质、职权、责任、晋升标准等，当下属清楚自己的工作之后，便放手让他自己去做，这是"授权并遗忘"。这样，领导才有办法、有心力去应对下一个难题。

4. 量力授权

授权是一种权力的分解和转移，当然，这种权力的分解或转移并不是被动和无条件的，相反，它是主动地、有选择地进行的。所谓主动，就是为了提高管理效率，管理者有意识地实行授权；所谓有选择，主要包含两层意思：一是管理者对将要授予或转移出的权力进行选择；二是管理者对接受权力的人员进行选择。

5. 允许下属犯错

对下属授权，就要对下属放心，就要允许下属在自己职责范围内自主行事，包括犯一些差错或过失。

下属犯了错误时，领导有时喜欢训斥下属，而不是给他们一定的宽容。这样导致的结果常常有两种。一种是被责骂的下属垂头丧气，无可奈何地离去；另一种是被责骂的下属忍无可忍，勃然大怒，与领导大闹一场后不欢而去。这时候，被责骂的下属一般都有这样的心理：权力是领导授予的，出了差错领导也有责任，自己已经认了错，领导还抓住不放，这也太过分了。这样的领导让人怎么跟他相处下去？性格刚强的下属会据理力争，与领导争个高下；而性格懦弱的下属可能从此以后自怨自艾，自暴自弃。

领导这样做显然是不明智的。下属能够自我反省，主动承认错误，实在是难能可贵的，领导应该给他一个机会，并加以正确引导。作为管理者，拒绝别人悔过，实在不足取。

六、不可越级授权——越级授权的副作用

越级授权是间接上级对间接下级所进行的授权。越级授权必然导致中层领导的被动，不利于发挥他们的积极性。

在领导工作中，授权本该是自上而下逐级进行的。越级授权在正式的公司制度中是不被允许的，因为这种做法只会导致工作混乱，越级授权经常导致被授予者的权力大过中间领导层，导致被授予者无意中获得了和中间领导层对抗的权力。同时也大大削弱了中间领导层的劳动积极性，他们很可能会以为自己已经不再受企业管理者重视，致使争权夺利的不良后果发生。

然而，事情总是相对的，越级授权并非绝对不好。相反，在某些紧急情况或非常情况下，越级授权往往是不可缺少的，有利于迅速解决某些紧迫的非常规的问题。

越级授权其实是一种对下级管理人员不够尊重、不将下级管理人员放在眼里的不良管理行为。一般而言，企业老板与职业管理者都不会犯这种不合理行为。一旦发生这一行为，通常都是上司或老板过于急躁，或者在对下属的工作效率已经无法容忍的情况下做出的。上司偶尔做出这种选择，可向下属传达一个信息："你的工作效率亟待改善。"虽然也不会有多大的不良影响，但是如果经常如此，会摧毁已有的企业组织架构，打乱企业组织运行秩序。越级授权危害如下：

1. 造成中间层的执行不力

如果管理者把权力授予隔级下属，会造成中间领导层工作上的被动，不但抹杀了他们的负责精神，而且中层管理者有被架空的可能，久而久之，会形成"中层情结"，出现中层管理不力的情况。

2. 容易引起管理上的混乱

企业管理者在授权时一定要注意管理的层次性，不能把权授给自己直接管辖范围以外的人。如果受权者不是管理者的直接下属，就容易引起管理上的混乱，从而为公司带来重大损失。

韩信是汉初大将，他为刘邦打下了大汉江山，然而他的成长历程却是非常艰辛的，因为他有一个爱越级授权的上司刘邦。楚汉争霸到最后阶段，每当刘邦打了败仗，他第一个想起的就是韩信，他知道韩信手下军多将强，于是每一次刘邦都直接向韩信的属将下令，让他们停止执行韩信的任务，火速支援自己。对此韩信虽然不悦，但却不能说什么，毕竟他自己也是刘邦的部下。

韩信的作战计划总是被刘邦打破，他手下的强将也总是不停地到处去救援不会打仗的刘邦。就是在这样的情况下，韩信忍辱负重，不断地整顿军队，修改作战计划，征募训练新的军队，最后还是扫平了北方诸侯，与汉王刘邦会师彭城，围项羽于垓下，奠定了汉朝一统江山的基础，而功劳却被刘邦剥夺了大半。

虽然韩信最后也取得了辉煌的战果，但是他对刘邦是有意见的，刘邦的越级调动不但极大地破坏了韩信的军事计划，也令韩信觉得很伤自尊，为他后来反汉埋下了祸根。

3. 挫伤基层管理者的积极性，削弱其威信

有的管理者直接下命令给基层，这种做法会严重挫伤管理者的积极性。越权布置工作往往会使部门负责人缺乏威信，最容易出现的可怕结果就是怠工，整个企业也会逐步涣散起来。

赵明是某家家具厂负责销售的总经理，为了搞好公司在成都地区的销售工作，他授权小陈为成都片区经理，负责成都地区的销售工作。陈经理上任三个月后，总公司就给赵经理下发了另一份委派通知。总部认为陈经理在成都地区推行的新的销售方案尽管取得了一定的销售业绩，但是这种方法不利于公司从别的竞争对手那里拉拢客户，所以决定免除陈经理的职务，另外派来小张负责成都的销售工作。对于小陈的情况，赵总非常清楚，虽然目前出现了一些问题，但是凭小陈的能力和智慧，他一定会处理好成都地区的相关事宜的。

可是总部并不给赵明解释的机会就另外派来了小张，那陈经理今后的工作该如何安排？自己又不了解小张的能力，工作该如何开展？这让赵明大伤脑筋。

越级授权必然会打乱正常的工作秩序，不仅不能节约时间，而且还要为此空耗时间。所以，作为授权者的管理者切记不得越级授权。

七、授权之后要"互动",不能"不动"

互动在授权管理中起着很重要的作用,沟通和互动到位了,受权者对授权事项、权责、可利用的资源及奖罚措施有了清楚的认识之后,他们才能更好地展开工作,授权者也能更容易地达到自己想要的目的。

工作中从来都是把工作加以分解安排,授权更是必不可少。更多的时候是管理者初次授权给某位员工总是不放心,工作过程中的重点不知是否明确掌握,细节之处不知是否注意到。对工作指导过多就有干扰员工工作的倾向。管理者应设法得到员工的反馈,以明确工作进展、工作中的问题以及是否解决,以免发展到不可补救的地步。

泰楠是一家公司的总裁,去年年底他从360度绩效评估中了解,员工对于他总是把办公室的门关上很不高兴,这对员工的流动率也产生负面的影响。泰楠诚实面对员工的抱怨,不再关闭他办公室的门,同时张贴一张公告,表示虽然他经常很忙,但是他希望随时能对其下属的30名员工提供协助。

另外,他也开始与其七名直属员工共进午餐,并鼓励他们也与其下属员工一起吃饭。针对抱怨工作目标不明确的员工,他也一一为其解决了问题。事实上,泰楠相信员工离职的原因多半来自主管而不是工作。响应员工的批评六个月后,他所在公司员工的流动率降低了30%。

尽管360度绩效评估让主管对员工、员工对主管,以及员工对员工,提供了相互评估工作绩效的机会,但是,许多员工却只有在非正式的场合中，才能坦诚对其主管提出建言。

加拿大皇家银行资深副总裁就表示，他偶尔与员工会在星期五晚上去酒馆小酌一番，只有在那个发牢骚的时刻，他才能够从员工身上得到真正的回馈。譬如，员工就对他说，对某个项目不要管得这么严，同时员工也鼓励多与他们互动。其实，在轻松的气氛下，下属面对批评也比较不会有很强的防卫心。

员工的反馈对管理者和企业来说是至关重要的，也是往往被忽略的。了解到了员工对他不满意的地方就去改正，不仅使工作氛围更加和谐，也在精神上给了员工很大支持，降低了人才流动率。在授权管理中，授权者往往对受权者感到不放心，就是因为没有反馈，没有建立有效的反馈机制。员工会感觉：既然工作授权给我来做，我只是给你结果就可以了，过程没有必要告诉上司。这就是沟通的问题，管理者在平常工作中不善于与员工沟通，形成沟通障碍；管理者不愿意与员工沟通，员工的反馈不被管理者重视，所有反馈都没有得到答复。更有一些企业表面上发扬民主，要求员工以公司为家，共建美好家园，鼓励员工多提意见和建议，开始员工提了很多，每个月的工作总结中都会有，但是企业从来没有给过员工答复，也没有采纳员工的建议，慢慢地就流于形式，没有人再提了，甚至有些问题，员工也是视而不见，可想而知这样的做法是企业主导的，最终毁掉了企业。

所谓反馈就是在沟通过程中，信息的接收者向信息的发送者作出回应的行为。一个完整的沟通过程既包括信息发送者的"表达"和信息接收者的"倾听"，也包括信息接收者对信息发送者的反馈。不作反馈是沟通中常见的问题。许多管理者误认为沟通即是"我说他听"或"他说我听"，常常忽视沟通中的反馈环节。不反馈往往直接导致两种结果：一是信息发送的一方（表达者）不了解接收信息的一方（倾听方）是否准确地接收到了信息。例如在沟通时，我们常常遇到一言不发的"闷葫芦"，发送者表达的信息往往泥牛入海，毫无消息。二是信息接收方无法澄清和确认对方是否准确地接收了信息。

作为反馈的接收者，管理者必须培养倾听的习惯，使反馈者能够尽可能地展示他自己的性格、想法，以便于你尽可能多地了解情况。

（1）要理解下属想说什么

管理者在倾听时首先要弄明白的是下属到底想说些什么，是对公司的建议，对某人的意见，还是对待遇的不满？

由于每个人的性格不同，不同的员工在表达自己的观点时采取的方式也不尽相同。比如，性格较内向的下属，在表述一些敏感的问题时可能会更加隐晦。这需要管理者在平时多与下属接触，多了解下属的动态，这些对正确理解下属的意图很有帮助。

（2）要站在对方的立场去倾听

下属在谈述自己的想法时，可能会有一些看法与公司的利益或管理者的观点相违背。这时不要急于与下属争论，而应该认真地分析他的这些看法是如何得来的，是不是其他下属也有类似的看法？为了更好地了解这些情况，管理者不妨设身处地的站在下属的角度，为下属着想，这样做可能会发现一些自己以前没有注意到的问题。当一名管理者和下属以辩论为常态，并且以自己的辩论胜利自得的时候，这是一个非常失败的管理者。

（3）要听完后再发表意见

在倾听结束之前，不要轻易发表自己的意见。由于你可能还没有完全理解下属的谈话，这种情况下妄下结论势必会影响下属的情绪，甚至会对你产生抱怨。管理者在发表自己的意见时，要非常谨慎。特别是在涉及一些敏感事件时，尤其要保持冷静，埋怨和牢骚决不能出自管理者之口。

对员工而言，你的言论代表着公司的观点，所以你必须对你说出的每一句话负责。

（4）要做记录，并且兑现承诺

在倾听员工的谈述时，最好做一些记录，一方面表明你对与下属谈话的重视，另一方面也可以记录一些重要的问题，以备遗忘。管理者对自己做出的承诺最好也进行记录。做出的承诺，要及时进行兑现，如果暂时无法兑现，要向员工将明无法兑现的原因及替代的其他措施。

总之，授权之后要"互动"，不能"不动"，授权之后要学会倾听下属反馈的信息，与下属很好地沟通，这样才是成功的授权。

八、如何防范授权转变为放弃权力

授权是提高工作效率，改善组织管理的良方。但是，不少管理者在实践中只看到授权的好处，而不去考虑授权是否适度，不讲原则，不分情况进行授权，就很有可能导致一种灾难性后果，那就是把本应属于自己的权力全部下放了，自己手中无权，无法控制局面，约束下属。

授权过程中的管理者必须是整个工作进程的掌舵者，必须有影响工作进程、约束受权者行为的权力。否则，管理者若一味奉行不干涉、不过问的信条，授权就等于放弃权力，这对组织权力体系将是严重威胁，是不可取的。

1. 授权只能下放部分权力

不论是向多有能力的下属授权，不论是为多么重要的事情授权，只要是授权，管理者都要记住，自己只是向下属授予了部分权力，而保留了大部分权力或至关重要的权力。

美国的《授权法案》规定：当国家遇到紧急情况时，总统可以调动军队，征募预备役人员，甚至宣布进入紧急状态。但是，总统所获得的授权并不是充分的，国会牢牢掌握着两项权力：一是拨款权，总统要花钱必须经国会同意；二是对限制人民权力的决定权。总统的决定和命令不能妨碍人民正常权力，如果需要在一定范围内限制人民权力，只有国会才能做出决定。这两项限制可以确保国会对整个国家的绝对控制，可以限制总统的行动和权力。

一国总统尚且如此，其他组织中授权更应该有所节制。管理者不论向下属授予多少权力，最终的资源分配权、人员任免权及撤销授权的权力必须保留。

2. 授权之后管理者依然要承担责任

有些管理者不是不知道授权只应授出部分权力，但是他们却不愿意保留其他权力，他们认为自己不保留任何与授权工作有关的权力，就可以不为授权工作承担任何责任。以放弃权力为代价而推卸责任，这种管理者是令人鄙视的。任何授权任务都是原属于管理者职责范围内的任务，管理者向下授权，让下属去帮自己完成任务，并不代表将所有管理责任也交给了下属。下属没有能力也没有义务为属于组织整体的任务承担全部责任，而管理者作为组织的负责人，他的职位就决定了他必须为自己管辖范围内的一切负责。

3. 管理者必须进行监督控制及指导

管理者对于授权工作的责任，具体说来就是监督下属行动，控制工作进展以及为下属提供指导和帮助。不论是实际行使这方面职能还是只将这些职能作为形式上的规定并不行使，管理者至少在名义上应该能够控制全局，在实际上能够对授权工作产生重大影响，否则就不能称为管理者了。

九、如何防止授权太滥流于形式

授权是多多益善吗？一个管理者所管理的事务、所控制的人员是有限的，授权只能在这个限度之内占据一小部分，如果授权太多，很有可能使管理者权力空洞化或授权形式化，这两种结果都是有违授权的初衷的。

任何管理者对于自己管辖范围内的主要事务的绝大部分，都应该自己主动去做，而不是指望通过授权把它们推给下属。

1. 授权不应危及权力结构的正常运行

授权太滥、太多，第一个直接后果就是导致组织原先权力结构界限模糊，管理者与执行者区分界限消失。在明朝后期就曾经出现过滥用授权的现象，皇帝整日不理朝政，任何事情都交由后宫的宦官处理，包括批奏折、拨钱粮、调军队、审理重大案件甚至皇室的婚丧嫁娶都由宦官包办。最终的结果是宦官不但包揽了原属于六部衙门的所有政务，权力高过宰相，部分专权的宦官甚至能够废立皇帝，更不用说任命官吏了。在宦官统治下，国家正常的统治管理机构全部瘫痪了，权力由皇帝及三省六部转移到了宦官手中，被管理者反倒成了管理者。授权太多导致下面权力过重很可能出现这种高低层次颠倒的情况，这对于一个组织来说，是极其危险的。

2. 不应授权过多导致下属互相牵制

授权过多的第二个后果就是会使原本各自独立的下属因为权力分配的关系而产生纠纷。某家电子科技公司的老板从知名大学MBA毕业后自认为深谙管理之道，也知道要向下属多授权。但授权过多、过细反而害了他，他将产品设计、销售、财务、外联等各个方面的任务都具体授权到了每一个员工头上，认为这样一来每个员工都能够独立开展工作，能够尽量施展他们的才干。其实不然，因为权力太过于分散，缺乏一个居中协调的坚强力量，各员工彼此之间总是处于争论之中，并且因为权力划分太细，彼此管理的面纵横交错，无形中给员工增添了处理权力关系的困难，很多事情得不到其他人的配合而难以开展。

3. 应该防范授权太多造成反向授权

受权者如果自己无法有效开展工作，无法进行有效的沟通联络，则难免会求助于管理者，把这方面的任务反推给上级领导。这样一来，授权的意义也就被扭曲了，授出权力的管理者又不得不重新行使起下放的权力，将原本打算让下属完成的任务捡回来自己做。

4. 要防止出现被迫干预授权工作的情况出现

当授权太多，下属面临的权力关系太复杂时，他们肯定会在工作中受到来自伙伴的牵制和阻挠，难以提高工作效率。管理者为一个下属排除干扰的活动就意味着对另一个下属工作的干扰，这就是授权太多造成的两难困境。授权越多，这种两难境况出现的概率就会越大。

作为一种临时性的管理手段，授权没有具体量的限制，但绝不能说授权越多效果就越好。权力下放固然能够激发下属的积极性和主动性。但是权力越分散，带来的关系也就越复杂，沟通协调也就越困难，对于这一点，管理者应该有清醒的认识。

授权工具箱 "三R"式授权方法

"三R"式授权从本质上来说并不是一种授权方法，而是授权者在授权过程中对受权者应该有的态度。"三R"是尊重（Respect）、资源（Resource）和重复（Retry）三个英文单词的首字母。"三R"式授权是一种以人为本、重过程、重人的表现，而不是以结果论授权成败的授权方法，是一种为组织培养人才的途径。

"三R"式授权的核心：

1. 马斯洛的需求层次理论

在马斯洛的需求层次理论中，马斯洛将人类的需求分为五个不同的层次，分别是生理需求、安全需求、归属需求、尊重需求和自我实现需求。这些需求从基本需求开始排列，依次上升到最高需求。而授权给受权者则满足了受权者对自我实现的需求，这是受权者对自我价值的最高需求。

2. 尊重受权者的人格，培养受权者对企业的亲和力

按照马斯洛的理论，任何人都有被尊重的需要。尊重人才、尊重受权者，首先体现在对受权者人格的尊重上。受权者的人格一旦受到尊重，往往会产生比金钱激励大得多的效果。

相反，如果管理者不尊重受权者，总是当着众人的面训斥受权者，只知道生硬地命令受权者做事，那么管理者就不会得到受权者的尊重，也不会让受权者感觉轻松。

3. 尊重受权者的工作方式，增强受权者在工作中的执行力

在授权中，尊重受权者集中表现在对他们的工作方式的尊重。管理者在进行授权的时候应当只关注授权结果，也就是说，只告诉受权者你要求

他们做什么和达到怎样的结果，而受权者采用何种方法则由他们自己去决定。只要被授权的受权者在授权工作中没有明显的错误，没有走向危险的歧途，管理者就应当对他的工作方式表示尊重，不能因他们的行为方式与你的不同去对他进行干预和控制。

4. 尊重受权者的意见，增强受权者对企业的向心力

在授权管理中，管理者要给受权者充分的权力，使受权者对自己的工作享有决策权，能够参与公司的日常管理，就会让受权者有主人翁的感觉，受权者以主人的姿态进行工作，其积极性和效率就会提高。尊重受权者的意见，就是要受权者自己做出承诺并努力实现承诺。在一般的企业管理中，让受权者自己做出承诺并兑现承诺的机会太少，这种管理现状的直接后果是：受权者对企业提出的目标没有亲和力、向心力，往往管理者满怀雄心壮志，而受权者却置若罔闻。

5. 尊重受权者的生活和家庭，增强受权者对企业的凝聚力

在对受权者进行授权工作时要选择好时机。安排工作时要征求受权者的意见，看他在工作上和家庭上的时间安排如何，这不但体现了对受权者及其家人的尊重，还能保证授权的有效性，最重要的是能增强受权者对企业的凝聚力。

6. 对受权者的持续授权

"三R"式授权要求管理者对受权者充分尊重，并且要不断地为受权者提供更多的锻炼机会，要对他们进行持续授权，使他们不断接触各方面的工作，有机会运用自己的知识，充分发挥自己的才干。人才的成长是一个持续的过程，"再授权"就是给受权者更多的发展自我、展示自我价值的机会。这种机会对于管理者来说是很容易就能提供的，但对于受权者来说却是很难得的发展机遇。给受权者提供更多的成长机会，不但能使受权者感激自己，更能帮受权者树立自信心，激发受权者更大的工作热情，从

而为公司带来更好的利益。

"三R"式授权是基于对人的潜能的认识和对人本身的尊重，体现管理的人本主义思想的一种管理方法，是一种通过授权培养人才的绝妙途径。把握好"三R"式授权，对于企业建立良好的管理氛围，培养有潜力的人才具有重要意义。

请将"三R"式授权的要求贯彻到工作实践中，根据授权后的效果填写如下表格。

表11　三R"式授权工作实践效果表

您的行为	员工的反应
尊重受权者的工作方式	
尊重受权者的生活和家庭	
尊重受权者的工作成就	
尊重受权者的人格	
为下属提供资源	
对受权者再授权	

一般而言，只要做到了以上几点，受权者将对工作更加热心，更有主人翁意识，更尽心尽力，对组织也会更忠诚。

第七章

如何规避逆向授权

上级的工作之一是授权下属去处理问题，但有时授权的上级领导却被迫去处理一些本应由下属处理的问题，使上级在某种程度上"沦落"为下属的下属，这就是反授权即逆向授权现象。

一、逆向授权致管理效能低下

现象一：某年销售额不到一亿元的白酒企业区域经理在汇报工作时说："本月我亲自走访了几家酒店，发现……"

现象二：某一年，销售额五亿元的啤酒企业召开月度营销例会。总经理说："当前我们品牌在酒店没能开展任何促销，而竞争对手A品牌对酒店大量免费投放冰柜，我们是不是也需要进行一些形式的促销，搞一些陈列奖励？"一位区域经理在汇报时说："当前我们的品牌力度不强，整体广告投入不足，企业在管理上存在的问题还很多。"

现象三：某白酒上市公司召开月度营销会议。总经理说："我们新产品本月有望完成2000万元的销售额吗？"大区经理A说："我们当前的电视广告本应快速投放，广告再不投，没有客户与我们合作，我们很可能喝西北风了。"市场部总监B说："我们要对工作流程进一步规范，实施规范化管理，提升管理水平。"

……

在为企业客户把脉的过程中，我们往往会碰到上述现象。这些现象的普遍特征是：基层营销人员没能履行自己的职责，给自己寻找借口，将本应由自己负责的岗位责任推脱给上司；营销总经理为了完成企业目标，不得不干起了本该属于基层人员做的基础工作。于是营销管理出现一个怪圈，基层营销人员"关心"起了营销管理工作，营销总经理却担任了基层销售的工作。

这些都属于营销管理中的逆向授权现象。现象一中的区域经理的汇报内容属于正常范围，但态度是不恰当的。一个小企业的区域经理仅仅负责一个县级市场，下属三个业务代表，却将自己放在一个高级管理者的位置上，动不动就声称自己亲自去拜访了某经销商。他们出现的常态究竟是什么呢？下属干基础营销工作，碰到麻烦请示上级——营销总经理，营销总经理成了"消防队长"与问题的实际解决者。现象二中的总经理说到具体的销售细节，而区域经理们却在聊企业的管理问题。其根源在于区域经理没能履行自己的职责，做本该属于自己的具体销售工作，而是在越位谈论公司的管理问题。其本质是区域经理在"忽悠"上司，上司为了营销目标的达成而被迫去考虑基1层细节问题。总经理围着区域经理跑，区域经理对总经理反授权。现象三中，总经理在考虑当月的具体销售目标，而其他下属却关心着广告的投放、规范管理的问题。其根源在于推托责任，寻找借口。其本质仍是在对总经理进行反授权，管理的程序被颠覆。

营销管理中逆向授权现象的普遍存在，反映了管理中的深刻问题。管理者只有通过管理思想和方法的调整，才能从根本上解决管理中的反授权问题，理顺组织秩序，各司其职，各尽其责，组织成员共同为组织目标而努力。

企业逆向授权的下属主要有三种类型：一是不会，二是迎合，三是故意，主要表现形式如下：

（1）请示型逆向授权。有的下属在已授权的工作中经常向领导请示汇报，求得领导指示。这种情形在强势领导和新下属中比较普遍。

（2）问题型逆向授权。有的下属在已授权的工作中经常向领导提出许多问题，请领导给于解决。这在强势的下属中比较普遍。

（3）选择型逆向授权。有的下属在已授权的工作中，常常提出数各方案，请领导作出选择。这在聪明的下属中比较普遍。

（4）事实型逆向授权。有的下属在已授权的工作中，想证明自己才能，不愿请示汇报，导致工作中出现问题形成事实后不得不叫领导解决。

（5）逃避型逆向授权。有的下属在已授权的工作中不愿干、不愿承担责任，工作中采取请假、制造工作"撞车"等方法，把工作推给领导。

逆向授权肯定会使管理效能低下，阻碍企业发展，所以在授权过程中一定要防止逆向授权的出现。

二、逆向授权出现的原因

前文我们介绍了逆向授权的现象，那么何为逆向授权呢？"逆向授权"是执行者将工作问题与矛盾推给上级，使领导无形中沦为"下属"，形成了本末倒置。

在授权过程中以及授权以后，领导应当注意防止"反授权"。什么是反授权呢？它是指下属把自己所拥有的责任和权利授给领导，也就是把自己职权范围的工作问题、矛盾推给领导，"授权"领导为自己工作。这样做必然会使领导不领导，下属不下属。

管理者如果对此不提高警惕，不仅使领导工作陷于被动，忙于应付下属请示、汇报，还会使下属养成依赖心理，从而使上下级都可能失职。

出现"逆向授权"现象的原因无非有两大类：一是领导方面的原因；二是下属方面的原因。首先是来自领导方面的原因，包括以下几点：

（1）领导不善于授权，缺乏授权的经验和气度，毫无"宰相肚里能撑船"的风范。

（2）对"反授权"来者不拒。授权之后还事必躬亲，大事小事都要过问。一些怕担风险、能力平庸的下属，特别是一些善于投机、溜须拍马的下属，就喜欢事无巨细都向领导请示、汇报，以显示对领导的尊重。

（3）思想认识跟不上形势，宁肯自己多干也不愿意授权给下属；对下属不够信任，非得亲自动手心里才踏实；担心大权旁落，自己被"架空"。

（4）少数领导官僚主义严重，喜欢揽权，搞个人主义，使得下属无相应的决策权，因而不得不事事向领导请示汇报。

其次是来自下属方面的原因：

（1）某些下属抱着"不求有功，但求无过"的想法。

（2）有些员工缺乏应有的自信心和必要的工作能力。

（3）一些员工思想素质差，只求谋官，不想干事；只想讨好领导，不愿自冒风险；害怕承担风险；认为搞不好责任也在上面，自己可以当"太平官"。

在这里，我们看一个防止"反授权"的例子。

美国山达铁路公司年轻的技术室主任史特莱虽然自己很努力地工作，但是却不知道怎样去支配别人工作。一次，他被指派主持设计某项建筑工程。他率领三个下属去一个低洼地方测量水的深浅，以便知道经过多深的水才可以建筑坚固的石基。

当时史特莱才20岁出头，资历尚浅，虽然也在各铁路测量队或工程队工作了好几年，但独当一面指挥别人工作还是第一次。

史特莱很想为三个下属作出表率，以增进工作效率，在最短的时间内完成工作，所以开始的三天，他埋头工作并以为别人一定会学他的样子，共同努力。谁知这三个下属世故甚深，狡猾成性。他们看到年轻的领导这么努力，以为他少不更事，便假意恭顺，奉承史特莱的工作做得好，而自己却袖手旁观，几乎什么事也不干。结果工作进展得很不顺利，难以达到史特莱的期望。史特莱虽然困惑但脑子还算清醒，他回去思索了一晚，发觉是自己措施失当，知道自己如果将工作完全揽在身上，他们就会无事可做。第四天工作时，史特莱改正了以前的错误，专力于指挥监督，不再事必躬亲，工作效率果然大有改观。

可见，身为领导，必须注意防止逆向授权，这样才能成为一名成功的管理者。

逆向授权主要是一种职能上的错位，作为管理者必须要知道如何"归位"，防止反授权。对很多管理者来说，要做到有效的授权，就必须先对自身角色的两种基本判断作出修正，应站在"领导人"而非"管理者"的立场上想问题。

三、授权中的"猴子现象"和"猴子理论"

比尔·翁肯曾发明一个有趣的理论——"背上的猴子"，他所谓的"猴子"是指"下一个动作"，或者说，"猴子"=问题。回想一下，在日常管理中是否有过这样的情形：

在走道上碰到一位下属，他说："我能不能和您谈一谈？我碰到了一个问题。"于是你便站在走道上专心听他细述问题的来龙去脉，一站便是半个小时。既耽搁了原先你要做的事，也发现所获得的信息只够让你决定要介入此事，但并不足以做出任何决策。于是你说："我现在没时间和你讨论，让我考虑一下，回头再找你谈。"

在这样的案例中，"猴子"原本在下属的背上，谈话时需要彼此考虑，"猴子"的两脚就分别搭在两人背上；当你表示要考虑一下再谈时，"猴子"便转移到你背上。你接下了下属的角色，而下属则变成了监督者。他会不时跑来问你："那件事办得怎样了？"如果你的解决方式让下属不满意，下属会强迫你去做这件原本属于他该做的事。当你一旦接收了下属所该看养的"猴子"，他们就会以为是你自己要这些"猴子"的。因此，你接收得愈多，他们给得就愈多。于是你饱受堆积如山、永远处理不完的问题所困扰，甚至没有时间照顾自己的"猴子"，不得不努力将一些不该摆在第一位的事情做得更有效率，平白让自己的绩效打了折扣。

自从1974年《哈佛商业评论》刊出《谁背上了猴子》一文以后，全世界的管理者们才如梦方醒，开始思考如何向员工授权。但时至今日，将"猴子"退回到它应该待的地方要比过去难得多。

当管理者面临着巨大的时间压力，又有人要塞给你一个或几个"猴子"时，该如何是好？重压之下，接受一个"猴子"似乎比花时间教会员工自己解决问题更为高效。授权越来越难，企业面临的竞争压力也越来越大。

幸运的是，各行业的专家与管理者始终在不懈地努力，寻找更容易也更高效的授权方法，让"猴子"回到它们该待的地方。

管理大师斯蒂芬·科维说，"二三十年前，货物与服务中只有30%的增加值来自知识性工作，而如今这一比例已上升到80%。因此，企业若要生存，就必须让员工独立思考，并且充分发挥其自身的经验与智慧。"

管理者应该将时间投资在最重要的管理层面上，而不是养一大堆别人的"猴子"。身为管理者，如果能让员工去抚养他们自己的"猴子"，他们就能真正地管理自己的工作，管理者也有足够的时间去做规划、协调、创新等重要工作，让整个单位持续良好的运作。

翁肯提出的猴子管理法则，目的在于帮助管理者确定由适当人选在适当的时间，用正确的方法做正确的事。

还是这个案例，我们看到会授权的领导会将故事引向怎样的结局。

第一天，你的一位下属在办公室的走廊与你不期而遇，下属停下脚步问："老板，有一个问题，我一直想向你请示该怎么办。"此时，下属的身上有一只需要照顾的"猴子"，接下来他将问题如此这般汇报了一番。尽管你有要事在身，何还是不太好意思让急切地想把事情办好的下属失望。你非常认真地听着……慢慢地，"猴子"的一只脚已悄悄搭在你的肩膀上。

你一直在认真倾听，并不时点头，几分钟后，你对他说这是一个非常不错的问题，很想先听听他的意见，并问："你觉得该怎么办？"

"老板，我就是因为想不出办法，才不得不向你求援的呀。"

"你一定能找到更好的方法。"你看看手表，"这样吧，我现在正好有急事，明天下午四点后我有空，到时你拿几个解决方案来我们一起讨论。"

告别前，你没有忘记补充一句："你不是刚刚受过'头脑风暴'训练吗？实在想不出，找几个搭档来一次'头脑风暴'，明天我等你们的答案。"

"猴子"悄悄收回了搭在你身上的那只脚，继续留在此下属的肩膀上。

第二天，下属如约前来。从脸上表情看得出，他似乎胸有成竹："老板，按照你的指点，我们已有了五个觉得还可以的方案，只是不知道哪个更好，现在就是请你拍板了。"即使你一眼就已看出哪一个更好，也不要急着帮他作出决定。不然，他以后对你会有依赖，或者万一事情没办好，他一定会说："老板，这不能怪我，我都是按照你的意见去办的。"

因此，你兴奋地说道："太棒了，这么多好方案。你认为，相比较而言哪一个方案更好？"

"我觉得A方案更好一些。"

"这的确是一个不错的方案，不过你有没有考虑过万一出现××情况该怎么办？"

"噢，有道理，看来用E方案更好。"

"这方案真的也很好，可是，你有没有想过……"

"我明白，应该选择B方案。"

"非常好，我的想法跟你一样，我看就按你的意见去办吧。"

凭你的经验，其实你早就知道应该选择B方案，你不直接告诉他的目的是想借此又多赢得一次训练下属的机会。

这样做的好处不言而喻：打断下属负面的"依赖"神经链；训练了下属分析问题、全面思考问题的能力；让下属产生信心与成就感。因为这样，他会觉得自己居然也有解决复杂问题的能力。越来越有能力的下属能越来越胜任更重要的任务；激发下属的行动力。人们往往愿为自己的决定全力以赴，并愿意为它承担责任；你将因此不必照看下属的"猴子"，而腾出更多的精力去照看自己的"猴子"。

"猴子管理"理论告诉我们：每一个人都应该照看自己的"猴子"；不要麻烦别人照看自己的"猴子"；组织中，每一个人都应该明白自己应该照看哪些"猴子"以及如何照看好它们；不要试图把自己的"猴子"托付给别人照顾。这里的别人可能是上司、下属、别的部门的同事，也可能是公司、社会乃至上天、命运等。

四、防止逆向授权的思路和方法

逆向授权主要是一种职能上的错位，我们必须知道如何"归位"，防止反授权。

对很多管理者来说，要做到有效的授权，就必须先对自身角色的两种基本判断作出修正，应站在"领导人"而"非管理者"的立场上想问题。商业顾问及作家哈瑟维指出："管理者管理的是细节（比如解决下属的问题），而领导人管理的是员工，他们会通过激发下属的主人翁精神与责任心达到这一目标。"

此外，授权的方式与授权的意愿同样重要，防止逆向授权的方法有很多：

1. 委派合适的任务

让合适的人在合适的时间做适合的工作是防止反授权的前提。根据对每个下属能力与发展需求的评估，将任务或问题委派给合适的人，通过这样的做法避免将下属的"猴子"揽到自己的身上。

斯蒂芬·科维强调，建立在下属热情之上的授权会带来非常好的效果。"首先要了解每个下属最擅长做什么，最喜欢做什么，"他说，"然后将其特长与热情和工作的需要结合起来。有激情的员工是不需要监督的。他们会依靠自己找到解决问题的独创性方案。"

2. 增强团队建设，沟通交流，提供解决问题的资源

在团队建设的时候，一定要加强队员之间的沟通和交流。要让下属了解领导的想法，这样可以更好地解决问题。

3. 心态的调整

"授权的原则是给员工保留一定的自由度，并把失误看作其成长的机会。告诉每位下属你对其能力的评价，这样对方就能理解为什么你会把相应的任务交还给他。"

从授权人来说，要承担反授权的主要责任。要真正做到放心大胆地放权，就要正确评价下级，分清指导与执行，及时剔除不能胜任的下级。

从受权人来说，要主动大胆地承担责任，放手地做事，努力提升能力。

4. 施行严格的绩效考核

授权时要明确，做到责、权、利相结合，这是防止反授权的基础。

公司制度上要加强独立完成任务的考核，授权完成时要经过考评，肯定成绩，指出不足，及时激励与改进，增强工作的实效性。这样，既可调动下属的积极性，又可有效防止反授权，使员工清楚这些都和自己的绩效挂钩，如果没有责任心，无法敷衍了事。

只有不合适的管理者，没有不好管理的员工。所以，不要用"没有时间"或者"没有合适的人选"等理由来解释你所遇到的反授权现象。想要做一个好的授权人，你只需认真地训练一下自己。

五、什么样的管理者容易被"逆袭"

在授权的过程中有一些管理者最容易被"逆袭",这样的管理者主要有以下几种表现形式:

1. 有官僚思想的管理者

有的管理者有着极为严重的"官本位"思想,喜欢板着脸,端着架子做人与处事,好发布指示,彰显权力,容易引导下属养成处处请示、事事汇报的恶习。

2. 经验主义的管理者

有些领导凭借多年的工作经验,经常对自己的下属说"我吃过的盐比你吃过的饭还多""想当年我多么多么厉害"等,对形式的变化以及人员的变化反而较少考虑,不自觉地在工作中指手画脚,主动为下属工作。

3. 授人不力的管理者

有的领导无法完全做到"任人唯贤",经常会出现用人不当,授人不力的情况,就如同让刘翔举重,让姚明踢足球,让刘国梁打篮球,结果自然可想而知,最后只得事事亲力亲为。

管理者安排做事用人时,要针对其不同的需求挑选合适的人选。通用前总裁杰克·韦尔奇说过一句话:"让合适的人做合适的事,给合适的人以合适的权,远比开发一项新产品更重要。"在授权过程中管理者要了解的是授权对象的能力、优势和存在的欠缺,以及他的态度、职业目标、个人兴趣、个人愿望、以前的做事风格等。

4. 事必躬亲的管理者

有的领导对每件工作都喜欢事必躬亲,做事喜欢深入,总是对下属指手画脚，对下属不放心，嘴上授权，却自己去干，吃力不讨好。每招聘一个职员级别的员工都必须要来过目，临时工的编制增加都需要亲自来批准。这样就会产生下面的效率非常低。容易出现逆向授权现象。

5. 威信不够的管理者

有的领导没有较深的资历，经验严重缺乏，没有建立足够的威信，没有自己的优点值得称颂，与员工关系处得不好，经常受到下属嘲笑。

春秋战国的时候，有位将军叫吴起，他的军事才能卓着，战绩辉煌，几乎每战必胜。那么，他是如何带队伍的呢？据说，吴起做将军时，和最下层的士卒同衣同食。睡觉时不铺席子，行军时不骑马坐车，亲自背干粮，和士卒共担劳苦。吴起在军中的威信是不容置疑的，有此基础，其在战场上所向披靡，应是水到渠成的事情。所以管理者要在企业中树立威信，能有力地防止逆向授权的出现。

6. 信任不足的管理者

有些管理者不信任下属，在公司装上摄像头，监督员工的一举一动。还有的管理者不相信工作任务下属能做好，每次都指手画脚。

对于新员工或者是空降领导，企业普遍存在信任不足等问题，要想彻底解决，还是应当靠制度来保证。

总之，企业管理者一定要认清自己在授权中属于什么类型的，然后找到相应的解决办法，防止自己的企业出现逆向授权。

六、适度授权，防止滥用权力

在授权的过程中，受权者在接受授权以后很可能会出现"拿着鸡毛当令箭"的情况，把很多事情都搞得一塌糊涂，与授权者的意愿相去甚远。这种情况常常是受权者没有弄清楚授权者给他的权限到底是什么，让他很容易按照自己的想法来处理授权工作，以至于发生滥用权力的事情。

1. 明确授权五级别

授权要适度，既不能过度授权，也不能授权不到位。过度授权会有很大的风险，授权不够，会影响受权者主动性的发挥，授权者也会厌烦受权者没完没了的请示汇报。所以管理者在授权时，一定要做到适度，即把受权者放在一个有框的空间中发展。

根据授权受制约的程度，一般可以将授权的程度分为五个级别。

（1）指挥式

指挥式是授权最低的一个级别，授权者以命令和指示的方式控制受权者的工作行为，受权者只有得到命令和指示才能行动。

（2）批准式

受权者自己提出或拟定行动计划和工作方法，但在行动之前都必须得到授权者的批准。只有得到批准的想法和计划才能实施，而且需要在批准的范围之内实施。

（3）把关式

大部分工作由受权者做出决定，授权者只对整个过程的某几个关键环节把关，也就是在关键环节受权者必须请示授权者获得批准后方可行动。

（4）追踪式

也就是"先斩后奏"式的授权。所有的权力包括用人之权、用财之权等全部授权给受权者，受权者完全可以自主决定，但是在关键环节和过程中必须及时向授权者汇报，授权者可以根据工作进展状况判断授权是否适度，是否需要采用其他授权方式。特别要注意的是被授权的受权者必须在上司指定的环节和步骤及时向上司汇报。这种授权方式一般是在授权者十分重视工作进展的情况下采取的授权方式。

（5）委托式

授权者给受权者授予开展工作所需要的全部权力，让受权者充分发挥主动性和创造性，按照自己的方式行动。授权者只对目标是否按时达成感兴趣，而不会在工作过程中干涉。

授权的几个比较低的级别都是通过对过程的关注和控制，从而防止受权者把事情做坏。最高的级别的授权即委托式是关注结果，不关心整个过程。在日常工作中，可以根据工作的性质按五个级别进行授权。

当然，管理者在授权时不一定每个程度的授权都要采用，究竟采用哪个授权级别，管理者除了根据自己要授权工作的实际情况来定之外，还要把握以下两个原则：

（1）不能或不想控制过程，只想要结果的工作，一般采用追踪式授权。比如市场销售人员要做客户，他到底怎么做，不得而知，只能按销售额来度量工作的程度，这就是委托式的工作方法。

（2）对于过程能够有比较多的了解，但是结果谁都不清楚的工作，可以通过对过程的把关、批准、跟踪对风险进行控制，这时可以采用第二、第三、第四级别的授权方式。

2. 如何做到适度授权

目前，企业中大量的授权活动还没有形成制度化，同时由于管理者与受权者对于授权有着不同的想法，尽管划分了授权的五个级别，但实际中还存在大量授权的问题，这就要求管理者在授权前做到以下几点，以保证授权的适度。

（1）事先了解期望

授权开始前要充分地沟通，使双方了解对方在想什么，如对授权的建议、顾虑、疑问等。特别是授权者，应充分了解受权者的想法，比如受权者"办砸了差事"，受到了严厉批评，心里有着委屈和不满，这时给予授权，受权者会以自己特有的方式来对付（比如多请示、多汇报）。

许多没有经验的受权者接到一项工作后，总是自以为是，一心想按照自己的想法将工作做好，而容易忘记或忽视授权的规则、权限等，实际容易忽视授权者的期望。这也需要管理者在授权之前通过沟通解决。

（2）平等对话

管理者在授权时要做到和受权者平等对话，就像两个平等的人在谈一份"合同"一样。在实际工作中，由于上司与受权者地位上、权力上的不平等，造成许多受权者误以为授权就是不平等，是一种强制行为。其实，授权并不是"授"，即"我给你权"，而是"约"，即我和你之间约定了什么权。

（3）约定法规

在授权的时候，总有些事情是意想不到的，约定法规就是约定一些遇到特殊情况怎么处理的条款。在授权者对受权者授权时常会听到这样的说法："有特殊情况，你给我打电话。如果出现其他问题没完成，你自己处理，我全交给你了。"

某家时尚小家电公司一直以来销售业绩平平，但营业额和利润都还算稳定。公司想在销售方面有所突破，就制定了这样的计划：给下面的销售分区经理和员工充分授权，使一线人员无须经过上级的层层批准就有权独立处理顾客的特殊要求，包括修改现有的产品和服务、调货甚至降低价格。

可没过多长时间，公司就发现他们的政策演变成了无原则地取悦客户：大幅压低价格、增加附加服务。而且由于授权太过充分，有一个副经理竟然在没收到客户定金的情况下赊购了价值30万元的原材料，还有一个一线销售人员则以产品降价10%为条件从客户手里收取回扣。

公司一气之下收回了权力，人人都开始认为公司不信任他们，没过多久，公司就倒闭了。

在中国众多成长型企业中存在着典型的"一放就乱，一收就死"的授权现象，这种逻辑也是很多企业的经营管理者或者决策者在面对巨大的经营压力下经常采取的处理方式。其实，企业最应该做的是在授权之前就和受权者约定相关条款，以避免无奈之下而选择收权，进而对公司造成更大的损失。总之，就是要把特别的和例外出现时怎么办的条款事先约定出来，以便他按照授权范围去处理工作。

七、企业管理中的越权行为

越权即大权旁落，下属行使了上司的职权。管理者对于下属的越权行为必须加以制止，不能熟视无睹，否则会造成权力失控，形成难以收拾的局面。

权力失控有两层含义：一是权力授出后，管理者对下级没有约束力了；二是下级逐渐"翅膀硬了"，不听命于上级，甚至出现了侵犯上级职权的现象。必须看到，授权应是单向的，即由上而下的。要防止出现逆向，即下属越权的现象。

1. 越权的表现

（1）先斩后奏，把本不该他定的事定了然后再汇报，迫使上司就范。

（2）设好"圈子"，片面反映情况，让上级管理者往里面钻，出了问题责任由上级负担。这是一种"巧妙"的越权术，当然也是一种心术不正的越权术。

（3）斩而不奏，封锁消息，自己说了算。

（4）向上司的上司请示，或向多个上司请示，即多头请示。利用其他上司信息间隔远、了解下层情况周期长的局限，取得间接上司的支持，这样来迫使直接上司就范。

2. 越权的危害

作为下属，如果你时不时犯上述毛病，上级就会视你为"危险角色"，对你保持一定的警戒，甚至设法来"制裁"你。

对于大多数人来说，越位的发生是由于不小心造成的，但也有少数下级管理人员天生就有这个爱好，觉得把上级领导"架空"很有成就感，为自己能够做到"挟天子以令诸侯"而感到沾沾自喜。这样的做法极不可取，甚至是得不偿失。

由于上级的权力是由组织赋予和保障的，他之所以能够处于自己上面的位置，肯定是有其特定的才能和群众基础作保障的。下属无论怎样都不可能超越。如果下级好大喜功，争权夺利，势必搞不好工作，还会影响自己的业绩。

越位的最大坏处就是与上级发生种种矛盾，难以得到上级的各种支持，损害自己的名誉，而且往往会招致上级的怨恨不满。所以，但凡有胆有识、有才有能者，都是以恪尽职守而非越位来实现自己的抱负的。

　　越级行使自己的权力一直被职场人士视为不可踩踏的雷区，更有甚者说越级在职场中是一件大不敬的事，操作不当，不但容易得罪上司，还会给上司的上级——老板留下坏印象。

　　如果下级在企业中没有摆正自己的角色位置，错误地认为自己是群众领袖、是民意代表，代表着自己手下员工的利益，那么，这种想法就很容易破坏你和上级领导的关系。因为你代表的并不是员工的利益，而是公司的利益，你上级领导的利益；你应该对领导负责，而不是对员工负责。这个问题弄不明白，你的本职工作会做得吃力不讨好。

　　最让上级讨厌的是，由于有的下级没有摆正自己的位置，越级行使自己的权力，顶头上级很不高兴甚至对此耿耿于怀。于是，上级处处给你"使绊子"，或不动声色地给下属"穿小鞋"。这时，这些下属感到很委屈，觉得自己好心没得到好报，或者是奇怪：自己白忙活半天，怎么上级会不领情呢？

　　其实，他们已经不知不觉中又触犯了职场的一条潜规则：不在其位，就不能谋其政。对于这类下属来说，问题的关键在于应想想自己是否做了越出本分的事。

　　在生活中，每个人都扮演着属于自己的角色，在一个团体中，每一个人都有属于自己的位子。知道什么事情该做，什么事情不该做，是一种智慧，更是一种气度。找准位置，不越位，才能走出一条平稳的发展之路。

　　既然你的角色是上级的下属，就要放聪明些，学会摆正自己的位置，在自己的职位上有节制地去出力和做事，不在其位不谋其政，切忌轻易"越位"。

3. 怎样应对下属的越权行为

　　首先与下属面谈，明确他的职责。开始时你可以对他有所发展、承担额外工作的劲头表示赞赏与支持。但更为重要的是向他指出，他应当明确自己的具体职责以及有关的标准、步骤、期限。

下属应当看到，自己单方承担专业范围以外的责任会造成哪些问题。

如果工作余暇有精力承担额外任务，下属也应事先与你商量。你可以给他简明的指示：如有疑问必须先请示。

如果你发现下属确实工作各方面都很杰出，那么你应想办法充实他，提高他。例如，有没有他可以处理的需较高水平的额外任务？有没有你认为他适合参加的活动？因为他的行动表明，他对自己目前的工作有所不满。这也许是个机会，与他商榷长期职业的目标，然后与他合作，帮助他完成目标，从而制定一个较为正式的计划。

如果你采取了这些行动之后下属仍继续侵入你的领地，那么你就是在与一个自作聪明弄权者打交道。他不是承担，简直是攫取你的职权。

你可以直接告知对方，这样做是要付出代价的。你尽可以利用他这项失误，对其还以颜色，让他尝点苦头。

授权工具箱 你是一个怎样的授权者

仔细阅读以下各项陈述，从其中挑出跟自己最相近的想法或做法，给4分；挑出其次相近的，给3分；再其次的给2分，与自己想法相差最多的说法给1分。

一、测试题

1. 我认为向团队成员清楚说明交付的任务内容是很重要的。

2. 我认为应向团队成员确实说明我要他们达成的目标。

3. 我给团队成员自行设定目标的自由。

4. 我会给团队成员一个大概的目标，然后由他们自行发挥。

5. 团队成员根本就不了解我心中真正所要的。

6. 在分派任务时，有时候人们会说我太专断了。

7. 我总是明确地告诉团队成员他们需要做什么事以及如何进行。

8. 我有时候觉得团队成员不大晓得该做些什么。

9. 我希望所有成员能工作起来确实像个"团队"。

10. 我告诉团队成员应当与其他人有效地合作，互相配合。

11. 我告诉每位成员我希望他们在团队中所扮演的角色。

12. 我鼓励团队成员经常与他人分享心中的想法。

13. 我有时不会让团队成员有相互支援的自由。

14. 未达成任何有用结论的商讨，乃是浪费时间。

15. 我有时花太多时间于个别成员身上，以致和整个团队在一起的时间不足。

16. 团队有时候做的事情太杂，以致我觉得成员像一盘散沙。

17. 我告诉团队成员他们需要知道的事情，不多也不少，但更希望他们能告诉我实情。

18. 只要团队成员愿意，我乐意给他们机会告诉我工作的进展。

19. 我经常会告诉团队成员实际状况，好歹让他们明白我可不是省油的灯。

20. 我经常会抽空去问团队成员事情的进展。

21. 我有时会失去工作补救的先机。

22. 我认为团队成员觉得他们不能跟我提出伤脑筋或棘手的事情。

23. 许多时候我知道团队成员对工作的想法。

24. 我发现自己不管是在和团队成员谈话或听他们说话，常会偏离主题而未谈到重点。

25. 如果我和团队成员工作得密切，对他们就会产生激励作用。

26. 我觉得给予团队成员工作上更多的发挥机会，对他们更有激励作用。

27. 我鼓励团队成员提出能激励他们的点子。

28. 跟团队成员谈起工作绩效时，我不会拐弯抹角，总是直话直说。

29. 跟团队成员谈话时，我不会留意要怎样激励他们。

30. 为了达成目的，必要时，我会给团队成员施加很大的压力。

31. 有时候我会花很多时间跟团队成员讨论他们的观点。

32. 最优秀的团队成员需要能够自我激励。

33. 如果团队成员工作绩效不佳，我会跟他一同研究出解决的办法。

34. 如果我和团队成员工作得密切些，会有助于工作的顺利进行。

35. 如果事情进行得不顺利，我会及时坚定地进行修正。

36. 我认为要维持高绩效标准的责任，在于团队整体及其成员身上。

37. 鞭策团队成员的低落绩效时，我常保持平常心。

38. 我不明白为什么团队成员不为他们的工作绩效负责。

39. 我发现自己很难从支援角色，转而去处理绩效不佳的问题。

40. 对于做不到我要求的人，我可能有点难以忍受。

41. 让团队成员知道我对他们所做的提升计划，我认为是件很重要的事。

42. 让团队成员确信能获得所需要的支援，最好的办法就是经常和他们商讨团队的事宜。

43. 我尽可能和团队成员保持密切接触，以便得知他们工作上的问题。

44. 我让团队成员了解，如果他们需要帮助的话，我会随时伸出援手。

45. 我有时会花不少精神跟团队成员打交道。

46. 我应当让团队成员多从经验中学习，而不给他们过度保护。

47. 我常认为，我可能跟团队成员疏远了些。

48. 团队成员很少跟我提及他们的问题。

二、统计得分

现在请把以上问题的得分加起来，填在下表相应处：

问题	得分	问题	得分	问题	得分	问题	得分
1		2		3		4	
6		7		8		5	
10		11		9		12	
15		13		16		14	
19		17		18		20	
22		23		21		24	
25		28		26		27	

问题	得分	问题	得分	问题	得分	问题	得分
30		29		32		31	
34		35		36		33	
39		40		38		37	
43		41		44		42	
46		48		47		45	
总分		总分		总分		总分	
	教练型		操控型		协调型		顾问型

三、得分结果

现在，你已把先前问卷的得分加起来了，把它们画成柱状形。譬如，如果你在"操控型"项下的得分为"40"的话，那么就由底线往上画到"40"的位置。当你画完这四个柱状形后，拿纸笔圈出你哪一种角色的得分最高，哪一种角色的得分最低。得分最高的那一种角色就意味着你授权方式的倾向。

1. 教练型

教练型授权的人会密切监督工作的进行，但通常不会详细指点别人该如何进行。他们会跟执行工作的人清楚说明所交付的任务，然后逐步地引导他们去做，当有必要或觉得有需要时他们才会提供建议和支援，也即主动的支援。教练型管理者和操控型管理者最大的不同，即前者会让工作执行者觉得自己对工作有较大的主导权，从而愿意投注较多的心力。

2. 操控型

操控型方式授权的人，一切进展都要由他来主导。事情得怎么做，他们经常不说明理由，只是下令要求下属照办，并且严密监督工作的进行。这种方式甚至意味着执行工作的人得一个口令一个动作，下属丝毫没有个人自由发挥的空间。出现操控型授权的地方多半是因为团队成员经验不足，必须逐步教导如何进行。有些人习惯使用这套方式后容易忽视别人已有经验而毋须照应的事实。可千万别步其后尘，那可是会打击士气的。

3. 协调型

协调型管理者的授权只是给执行工作的人原则上的指示，至于要怎么做就全委由他们自己决定。在授权时，这种管理者会视工作执行者的能力而给予相对的权限，日后再根据工作的进度进行调整。大体上说来，人们在任务执行过程中不大会寻求帮助或建议，一切都可以自行决定。

4. 顾问型

顾问型管理者给予执行工作的人更多的主导权，对于所交付的任务通常只是做大致上的描述，并且会征询对方的意见和观点，最终取得共识，让接受任务的个人或团队投下更多的心力。顾问型管理者还会表明，只要工作执行者提出要求来，就会得到进一步的协助，即被动的支援。

第八章

收权——授权的重要环节

什么时候授权、什么时候收权是一个细节问题，授权的失败往往是因为授权时机不对，弄巧成拙，造成损失。授权却没有收权，会致使权力滥用。

一、要会授权，更要懂收权

与没有授权恰好相反，有些公司领导是过度授权，把原本属于自己的权力也统统授予下属，这种不分重要性与授权范围的笼统授权同样是非常不科学的，也是不可取的。管理者必须明白自己的角色定位，要清楚只有自己才是企业真正的长期掌舵人，授权不过是管理的一种手段，是通过这种管理手段让企业发展得更加强大，而不是将企业权力如分封诸侯式地授予下属，自己自由自在地做一个甩手掌柜。无论职业管理者多么聪明睿智、多么负责尽职乃至多么忠诚可靠，都不能完全取代企业管理者对企业的管理和影响力。就一个企业来说，可能在相当长的一段时间里是不能离开真正的领导的，必须在领导的正确指挥下才能稳健持续发展。企业管理中不是只有授权，还要有收权，如果领导授权下属但下属干得不称职，或者企业发展所需，领导都应该与时俱进地对权力进行调整。该授则授，该收则收，才是科学的授权管理方式。

没有授权与不懂收权都是企业管理中要尽可能避免的极端。没有授权，企业管理者会非常劳累，员工反而轻松，企业想做强做大几乎不可能。不懂收权，将会出现官僚主义、宗派主义以及形式主义，也会出现滥权、专权乃至于贪权，企业里会有勾心斗角、效率低下、欺上瞒下，对企业的发展造成难以估计的严重影响。

授权和收权没有绝对，只是相对而言。授权和收权会随时发生变化，这就产生一个度的问题，把握好度是有技巧的，权衡这个度完全根据企业发展的实际情况与企业的发展阶段来决定。授权的前提：一是岗位明确、有清晰的职责范围，二是有适合授权的恰当人选，三是企业各项管理制度较为健全，四是授权之后要有领导适度监控与员工的监督，让所授权力在职责范围内和在制度约束内以及在员工监督下实现健康运行。授权后如果发现存在问题，则应迅速对授权进行检讨，分析究竟是哪里出了问题，寻找出症结，经过实践发现不适合的授权则立马收回，以避免出现超乎想象的错误。从一定程度上，收权对授权的管理反而很有帮助。

至于该授什么权力，该收什么权力，这无法一概而论，只能根据每个企业的具体情况作出决定，通常而言，涉及企业大的发展方向的战略是不可以授权的，一些重大的财务决策同样是不可以授权的，而那些带有方法性的、小方向的事务则是能够授权。

授权与收权代表矛盾的统一体，他们通常此消彼长，在企业管理实践中、在企业不同的发展阶段其表现形式也有所不同，如原本的授权可能要收回，而原本收回的权力有可能根据需要重新授出。

一个聪明的企业管理者不会陷落于授权的泥潭当中，总是能够根据企业的实际情况作出灵活的处理，授收自如，恰如其分，这代表着一种管理境界，也代表着一种超水平的管理能力，这种管理能力来源于企业领导者的气度、长期的管理实践、不断学习与探索。

二、一般而言，授出去的权都是要收回的

宋太祖赵匡胤即位后不久就有两个节度使为反对宋朝而起兵造反，御驾亲征的宋太祖耗费很长时间才将他们平定。因为这件事，宋太祖内心总是七上八下，惶惶不安。有一次，他单独找宰相赵普询问，问他说："自唐朝末年以来，五个朝代相互交替期间战争不断，不知道有多少老百姓在战乱中死去。究竟为什么？"

赵普回答道："道理非常简单。国家之所以混乱，原因出在藩镇权力太大。假如把兵权集中到陛下手里，天下自然太平。"

宋太祖听后连连点头，称赞赵普说得好。

接着，赵普又对宋太祖说道："禁军大将石守信与王审琦两人握有重兵，我建议还是将他们调离禁军才好。"

宋太祖说："你尽管放心，这两人是我的至交好友，他们不会反对我。"

赵普说："我不是担心他们有朝一日背叛陛下。据我所知，这两个人缺乏统帅的才能，无法掌管下面的将士。有朝一日，他们部下闹起事来，只怕他们也无可奈何呀！"

宋太祖瞬间警觉道："幸亏你提醒了我。"

过了几天，宋太祖在皇宫举行宴会，专门宴请石守信、王审琦等几位老将喝酒。酒过三巡，宋太祖将在旁侍候的太监打发走。只见他拿起一杯酒，首先请大家干杯，然后说："如果我没有你们的帮助，也不会有如今的地位。然而你们哪知道，做皇帝也有诸多难处，还不如当个节度使自在。不瞒各位说，这一年以来，我都没敢睡过一个安稳觉。"

石守信等人听了非常惶恐，连忙追问缘由。宋太祖说："这还不清楚吗？皇帝这个位子，谁不想做呀？"

石守信等人很快听出其弦外之音了。大家一时非常紧张，连忙跪在地上说："陛下为何这样说？如今天下太平，谁还胆敢对陛下怀有二心？"

宋太祖摇头说："你们是我最信任的人，怕的是你们的部下将士当中有人贪图富贵，将黄袍也披在你们身上，你们想不干也不行啊！"

石守信等人听到宋太祖这样说话感到不知所措，连连磕头，含着眼泪说："我们都是粗人，从未想到这点，请陛下为我等指引一条出路。"

宋太祖说："我是为你们着想，你们最好的办法是把兵权交出来，到地方上去做个闲官，购买点田产房屋，给子孙保留家业，快活安度晚年。我与你们结为亲家，彼此互相信任，这样好吗？"

石守信等人一起说："陛下真是为我们着想啊！"

酒席散后，大家各自回家。次日上朝，参加宴会的每个人都递上一份奏章，声称自己年老体衰，请求告老还乡。宋太祖立马照准，收回他们的兵权，赏赐给他们一大笔财物，打发他们到各地去做禁军等闲职。

一段时期后，又有一些节度使前来京城朝见。宋太祖在御花园又一次举办宴会。太祖说："你们身为国家栋梁，如今藩镇的事务那么繁忙，还要你们做这种苦差，我真心感到过意不去！"

有个机灵的节度使立马接口说："我原本没什么功劳，留在这个位子上也不适合，请求陛下让我告老还乡。"也有个节度使对此说法表示不认同，絮絮叨叨地把自己的经历夸说了一番，严明自己立过多少汗马功劳。宋太祖听完，非常不高兴，说："这都是陈年旧事了，还提它干什么？"

次日，石守信、高怀德、王审琦、张令铎、赵彦徽等上表说自己体弱多病，纷纷要求上交兵权，宋太祖很高兴地同意了，罢去他们的禁军职务，到地方担任节度使，并废除了殿前都点检与侍卫亲军马步军都指挥司。禁军分别由殿前都指挥司、侍卫马军都指挥司以及侍卫步军都指挥司，就是指所谓三衙统领。在解除石守信等宿将的兵权后，太祖另外选拔一些资历较浅、个人威望不高、较易控制的人担任禁军将领。禁军领兵权一分为三，以名位较低的将领执掌三衙，这就意味着皇权对军队有着绝对的控制权，在那以后，宋太祖还兑现了与禁军高级将领联姻的诺言，将自己已经守寡的妹妹下嫁给高怀德，后来又将自己的女儿嫁给石守信与王审琦的儿子，张令铎的女儿则嫁给太祖三弟赵光美。

宋太祖收回地方将领的兵权后，创建了新的军事制度，从地方军队精挑细选出精兵，编制成了禁军，由皇帝直接管理；各地行政长官也交由朝廷委派。通过一系列措施，新建立的北宋王朝才逐渐稳定下来。

在战术上，"杯酒释兵权"确实是值得很多企业借鉴的做法，区别在于，宋太祖这样做是避免拥兵自重的大将威胁自己的地位，在企业里，问题可能还不至于这么严重，更多的往往是为了"削藩"，为了解决居功自傲的创业老臣的"骄傲"之气，为新人腾出位置，解决企业下一步发展的动力问题。柳传志著名的"秋后给您送苹果"的故事可能更靠近前者，而马云在阿里巴巴上市48天之后即大刀阔斧推出的"干部轮休学习计划"可能更靠近后者。

从企业管理的层面看，"杯酒释兵权"只能是权宜之计，解决的是企业发展到一个特定阶段的特定问题，在战略上，企业家们更多要考虑的、要解决的是如何有效地授权完成工作、及时收权的问题。

授权任务完成后要收权，这个收权不是集权，而是完成任务后的交接。和授权是一样的，授权是工作需要，收权也是工作需要，一是因为这件工作任务是阶段性的，完成之后在近期没有相同的任务执行。二是受权人有其他的工作安排，这个任务要交给其他同事去完成，相关的工作和权力资源要有个交接。

关于授权的重要性，管理者们都是比较了解的，对于授权的好处也是无比地期待。可是，凡是尝试授权给下属的管理者都会发现，授权没有想象中的那么容易，授权的效果往往令人失望。这到底是怎么回事呢？授权成功的关键并不是交出权力，而是交接，交权只是形式，交接才是授权的本质。授权给了别人，权力就不在这里了，必须办理交接，把与授权项目有关的资料和信息一起移交给对方。只交权而不交接，是管理者在分配工作的时候最容易犯的错误，结果对方并没有掌握应该掌握的信息，以至于无法做出最好的决策。

三、收权和授权要考虑不同情况

建达是建材行业内领先的公司。但是前两年公司管理混乱，很多销售人员浑水摸鱼，将公司的利润弄进了自己的腰包。更糟糕的是，销售员的中饱私囊扰乱了市场价格体系，破坏了建达公司的名声。

基于此，公司董事会于2003年年底聘用了史峰，希望借由新老总扭转公司颓势。史峰原本是一家全球领先的建材设备租赁公司中国区的CEO，他不但有令人折服的财务经验，还是一个成熟老练的管理者。这样的人选，对于管理稍显混乱的建达来说，是上佳人选。

史峰上任以后，采取了一系列收权的措施，主要从人事和财务上对公司管理进行了梳理。比如，他规定部门总监的单次资金使用权不能超过3000元。

虽然对公司进行了整顿，史峰仍然忙得焦头烂额，而且各部门仍然屡屡发生违规现象。"我不管，事情就做不好。"史峰无奈地发出了感叹，他认为建达的员工能力有问题，所以才需要自己事无巨细都一一过问。

但建达的员工不这样认为。公司上下，从部门总监到一般员工，都觉得自己在公司里做不了主，没有工作的积极性。公司公关总监胡蔓就抱怨史总不相信她的专业能力，什么事情都要插一手。那些公关稿，无论重要与否，史总都要亲自过目甚至动笔修改。

除了胡蔓之外，人力资源总监许信华也是一肚子的牢骚。许信华是建达的元老，可一样觉得自己在老板身边只不过是一个做摆设的傀儡。就拿招聘来说吧，有好几次招的都是部门经理以下的职务。按公司的规定，这类职级的薪资由其直接主管和人力资源总监共同决定。可有好几次史峰突然过问起了这类人员的薪资，而且招呼都不打一个就把许信华和有关部门经理共同商定的薪资给重新调整了。

事实上，公司里甚至已经流传着这样的说法："什么事要是让史峰盯上了，岂止是插手，他连胳膊肘都插进来了。"

当然了，史峰的新政策对公司的销售影响最大。尤其是从2005年开始，总公司给各个分公司都下了严格而又拔高的财务指标：除了销售额要达标以外，毛利率必须达到销售额的25%，税前利润要达到销售额的10%。此前，分公司只需完成销售额的指标。与此同时，公司新的授权政策规定销售经理的价格浮动权不能超过3%，大区总经理的价格浮动决定权至多也只能达到5%。如果超越权限，必须上报审批。而以前销售经理的价格浮动权就有7%！

对此，销售人员颇有怨言：新的合同审批流程长、时间久；对标准销售合同的任何一点修改都需要到总部审核签章；搞定内部比搞定客户还难……公司的销售人员士气低落，销售形势令人担忧。

正是在这个时候，建达华东分公司的明星销售经理高飞拿下了一笔

2000多万元人民币的大单。高飞虽然拿下了大单，但由于签合同的关键时刻高飞未能联系上史峰，情急之下，他不得已把价格调低了5.5%，从而违反了销售经理的价格浮动权不能超过3%的规定。看到员工违反自己刚刚着手制定的销售流程，史峰非常生气——他决定开除高飞。

但是，华东区总经理丁衡远不同意史峰的做法。并且通过公司人力资源总监许信华告诉史峰：如果史峰坚持要开掉高飞，他也准备走人。更让史峰没有想到的是，许信华也站在了丁衡远的一边。在这种情况之下，史峰应该怎么办？建达今后的路又应该怎么走？

任何规章制度如果已经制定出了它的流程和权限，就必须按照此权限和流程执行，对一些难以操作、不利于操作的流程要坚持摒弃。更改也好，必须有个沟通的过程，而不是一言堂，特别是一个已经松散惯了的企业，突然特别紧，的确会让员工很难适应和接受。

史峰开除高飞，如果只是由于生气的话，就不应该开除。能不能开除一个人应考虑全局，因为史峰现在的局面未能全面打开，如果只是强硬地执行可能会短时期内产生很大的阵痛，但对于长期的目标来说，是应该开除高飞的。

从案例中所描述的内容来看，史峰存在以下问题：他没有弄明白授权与收权的概念，实际上他是在收权，但压抑了员工的工作积极性。由于没有很好地授权，造成管理权错位，史峰经常"越权"，结果劳而无功。史峰入主公司后可能对公司的先期调查较少，先入为主，没有结合公司实际，管理方法照抄照搬。目前史峰最主要的工作给自己重新定位，和下属积极沟通，重新修订公司的管理制度，大胆授权，严格授权，否则他也只有走人了。

收权和授权，都需要根据生产经营的实际情况和企业文化来制定具体的政策，应当充分考虑不同情况、充分听取不同意见、充分讨论酝酿，而不是拍脑袋、搞一言堂。政策的制定一定不能脱离实际，一定不能失去可操作性；同时要尽量保证政策的延续性。政策一旦制定，在执行之前，应当进行必要的宣传解释和沟通，使必须知道政策的人能够了解和掌握并贯彻执行。专业职能部门应能够根据自己的责、权、利自主发挥作用，作为总经理，关键是掌握与控制，而不是插手具体业务、越级指挥；无法想象一个没有全局感的领导处处插手的后果。

四、授出去的权力为什么要收回

国内有一大型医药连锁公司，刚起步时就是一家小药店，由于公司的负责人刘海是一个很懂授权管理的人，公司发展势头一直很好，目前已经在全国有很多家分店了。公司大了，问题就越来越多了。例如在公司资金的审批上，刘海向会计说，一万元以下的费用店长就可以批，一万元以上的则由老板亲自批。这个制度定下来之后，不但刘海自己减少了工作量，缩短了整个审批流程，下面的分店店长们工作起来也更加卖力，他们一致认为老板这样做，是对他们的放心。

可是，公司大了之后，分店多了起来，分店店长当然也多了起来，所以有些人在使用自己的权力时不免有越权的行为。比如，公司规定一万元以下的费用店长才可以批，可有的店长批了一万零十元。为了避免再有类似的情况出现，刘海就收回了这些权力。

权力下放后不是说不能收回。因为授权就好像说有一个人他不在，这一块地就可以借给你，你暂时坐下，他回来以后你就还给他。有时收回授权也是为了避免给公司带来更大的损失。比如案例中刘海的做法，一个小店长只是多批了十元钱，按理说不是什么大问题。可是，如果刘海不从长远出发，那么下次可能就会有人多批五万、五十万元等，到时对公司造成的损失不言而喻。所以，有些权力应该收回时就必须要收回。

虽然在企业授权管理当中有"一放就乱，一收就死"的说法，但是当授权到了控制方式无效的情况时，迅速收回授权是减小损失的最好手段。

收权是授权控制最有效也是最终的一种手段，它表明授权工作的完全结束，是一种很严厉的管理行为。所以管理者在收权前，一定要充分考虑周全，因为对授权工作进行控制的方式有很多种，只有在其他控制方式无效的情况下才可以考虑收权。否则，就有可能使授权者失信于受权者，打击他们的工作主动性和积极性。

北京世贸天下国际贸易有限公司董事长李昂多是一个非常会授权的人，他被公司员工称为"甩手老板"。他认为撤回授权要慎重考虑，只有当下属受权者出现不可原谅的错误时才可以考虑撤回授权。他在接受记者采访时说："在我不在公司的时候，我的下属完全可以自己做主。一旦做不好的话，前两次的损失和失败都由我为之承担，但如果第三次失败，就意味着他不合格，需要换人。这时才可以考虑撤回授权。"李昂多表示："合理地授权并非对下属放任自流、撒手不管。授权者要保留监督的权利，在受权者出现不可原谅的错误时，随时取消他的受权资格是明智的选择。"

收权的原因大概有以下几种：

（1）受权者不具备授权工作的能力。授权是根据受权者的能力大小、知识水平高低和知识结构而授予的权力。如果授权后发现被授权人根本不具备授权工作所需的知识和能力，经过授权者的指导和帮助，仍不能胜任工作，再让他做下去只会给公司带来更多的损失，这个时候管理者只有对他的授权进行撤销。

（2）受权者滥用职权，造成重大损失。管理者在授权后的监督检查中，有时候会发现，受权者的行为已经远远偏离于预定的计划，甚至已经造成了损失，而且预示着更大的损失。这时候管理者要立即收权，亲自接手工作，在既成事实面前，谋求可能得到的最合理的结果。

宏基公司总裁施振荣从1984年4月任命刘英武为宏基执行总裁开始，就让自己陷入了争吵和痛苦之中。刘英武是美国电脑界最有声望、职务最高的华人，施振荣将他招入公司，几乎不假思索就把公司所有的经营决策权交给了他。刘英武一上任，就采用高度集权的管理方式，放弃了公司长期实行的"快乐管理"，独断专行，不允许下属发表过多意见。他做了一系列失败的收购决策，导致公司遭受巨大损失，致使员工议论纷纷，人心浮动。施振荣为了避免造成更大的损失，无奈之下只有撤销对刘英武的授权，自己重新执掌公司，进行整顿。

施振荣授权刘英武时，只是看重了他的资历和声望，而没有考虑到他是否适合自己的企业。在他造成不可挽回的损失时，又及时取消了对他的授权，防止了损失的无限扩大化。

（3）随着情况变化，授权工作没有再进行下去的理由。

李经理是某家服装公司的设计部经理，前段时间公司总部要求生产一批新款式的服装，委托李经理负责的设计部来设计。马经理经过认真考虑，认为小张适合这项工作，于是就把这项任务授权给他的下属小张。小张接受任务后，亲自多次到该地区的服装市场进行调研，以便对该地区服装新款式有个比较深刻的认识。返回公司后，他就开始写一份详细的需求分析报告，得到了李经理的认可和称赞，于是小张着手开始工作。授权工作进行不久时，李经理却得到消息，他们想设计的新款式的服装已经有另一家服装公司打入了市场。李经理亲自去调查了一下，发现市场对这种新款式的服装也并不是很喜欢。李经理觉得既然这样那就没有再生产这种服装的必要了，所以终止了对小张的授权，打算找出市场需要的款式时再授权给小张去做。

随着授权工作的进行，外部条件也在不断地变化，当别的公司已经生产出了同类的服装，也就没有再进行此类工作的必要，这时候李经理终止对小张的授权是非常明智的做法。

五、授中有控，绩效优先

对于管理者，必须要得到一定的授权才能去做好事情，但是授权要有明确的目标任务，以及完成目标所采取的要件要认真评估，只要在目标和要件条件内，要充分授权去做。

在目标管理的过程中，要对完成目标的主要、重大问题做到时时监控，做到规避和控制风险的要求。发现管理中的不正常的问题，要提醒和控制，实在是不利于公司目标的实现或是偏离目标太远了，公司要及时进行控权。

有些企业管理者之所以不给核心管理部门的下属授予太多权力，因为常常会遇到这些现象：做销售的把客户和核心的销售团队带走；做财务的利用职权中饱私囊、携款潜逃；做技术的带走企业核心技术跳槽。这些人不可谓能力不强，但诚信缺失，一旦给他们赋予过多权力，一旦失去控制，他们就可能做出背信弃义、违背企业的事。这就提醒管理者在挑选被授权对象和掌握授权的松紧度时不能不慎重考虑。

会授权的管理者在授权之前，不得不注意以下两个方面的内容。

1. 放权不代表放任

高明的授权法是既要下放一定的权力给下属，又不能给他们以不受重视的感觉；既要检查督促下属的工作，又不能使下属感到有名无权。想成为一名优秀的管理者，就必须深谙此道。

2. 把握授权与控权之间的平衡

什么是最有效的管理？怎样才能让下属既服从在管理者的统一指挥棒下，又能充分发挥自己所长、一展才华？无数位管理者都问过自己这样的问题。实际上，没有人愿意把下属管得太死，因为这样会扼杀下属的潜力，抑制他们的个性和才华，不利于企业的发展。但是很明显，一个团队要是缺乏管理，就必然会走上灭亡之路。所以，如何在"管理"与"放手"之间把握一种平衡，求得管理效果的最大化，是摆在现代管理者面前的一个必修课题。

于是我们说，把下属当成在天上飞翔的风筝吧！只要管理者握好风筝线，风筝就能永远在你的掌控之中，同时又能一起飞翔的自由与痛快。

其实，许多知名的企业和成功的公司都采用"风筝式管理"。微软就有一条很重要的用人原则："人的最高需求是自我实现，也就是自我的管理。"他们提倡放手让下属自由工作，公司不会干涉太多，只会把握大的方向，细节由下属自己斟酌决定。

现在许多管理者都说，下属就是企业的主人。但是，"主人们"却总是受着各种各样的束缚，无法自由地展开工作。很多秩序井然的公司其实正在失去最为宝贵的财富："下属们丰富的、永不枯竭的创造力宝库。"一旦管理者管得太严太死，就会像扯紧了手中风筝线的放风筝者，他的风筝永远也飞不高、飞不远，他的下属永远也凸显不出自己的才能。

管理者用人，忌讳把所有事都抓在手里，事无巨细都要过问。固然，只有统一的管理，才能有统一的意志、方向和步调，才能朝统一的目标迈进；但是，这种统一本身就暗含着矛盾：团队是统一的整体，每一个下属则是独立的个体。统一永远只能是辩证的统一，管理永远也不能套用一个模式，或只有一种意志。管理者所应该做的就是尊重下属个体的独立性，并充分利用这种独立性，大胆放手，让下属去自由支配。只要手中牢牢抓住那根风筝线，下属就始终不会脱离整体的利益，始终会为公司和企业服务。

善于放手，让下属像风筝般展翅高飞，是管理者必须学会的技巧。太多的事例已经证明，这样做有着巨大的好处：它能最大化地发挥下属才能，培养锻炼挑大梁的人才，轻松达到管理的最高境界。

在美国通用公司，韦尔奇是有名的管理人才，他决策迅速、果断，办事讲求效率和高质量，同时重视底线和结果。当年他初上任时公开宣称：凡是不能在市场维持前两名的公司或企业都会面临被卖或被裁撤的命运。同时，韦尔奇裁起下属来也绝不心软。很多下属抱怨韦尔奇要求太严，工作压力太大，无论在生产上打破多少纪录，韦尔奇总嫌不够。

然而，韦尔奇也有非常关心下属的一面。一次，一位管理者在韦尔奇面前第一次主持简报，由于太紧张，两腿发起抖来。下来后，他坦白地告诉韦尔奇：我太太跟我说，如果这次简报砸了锅，你就不要回来了。随后，韦尔奇叫人送了一瓶高级香槟和一束红玫瑰给这位经理的太太，并在便条中写道：你先生的简报非常成功，我们非常抱歉害得他在最近几个星期忙得一塌糊涂。

有时，管理者应该把管理当成一种促成过程，像一个外交家一样，利用各种平衡手段，让观点相左的各方通过妥协接受问题的解决方案，而且不留下任何后遗症。这就需要管理者能够坚持不懈，工作勤奋，有权衡能力。

任何人都会有出错的时候，这时管理者为了维护企业的团结和长远的发展，就需要通过策略来进行调整——既要保全公司对外的良好形象，又要保持整个公司的内部协调。

六、如何处理需要撤销的授权

不少管理者都有这样的经历：对下属授权了，下属开始工作后却由于各种各样的原因，无法将工作进行下去；或者工作虽然能继续做下去，但工作的结果不但不能给组织带来好处，反而可能给组织造成极大损害。遇到这种情况，唯一的解决办法就是撤销授权。

撤销授权是一种对授权的终极控制手段，是对授权本身的完全否定。撤销授权的决定一旦做出，为授权做出的各种努力就前功尽弃了。因此，管理者在对授权工作的控制过程中一定要严格把握这最后一道关口，谨慎对待撤销授权。

1. 仔细调查，谨慎决定是否撤销授权

对授权工作的控制手段有很多种，管理者只有在通过各种方式了解到授权工作的进展不利，并且无法采取其他控制手段纠正工作中的过错时，才可考虑撤销授权。大致来说，可能导致撤销授权的情况是：

（1）计划本身就基于错误判断，目标是虚假的。如果制定计划所依

据的信息情报本身就是虚假的，那么基于该信息确立的目标肯定就实现不了。在这样的情况下，继续让授权工作进行下去只会白白浪费资源，这时可以考虑撤销授权，将人力、物力投入别的领域。

（2）受权者根本不具备完成工作的能力。如果授权后发现受权者根本不具备完成工作所应有的知识、能力时，再让受权者做下去就没有任何意义了，这个时候管理者只能撤销对他的授权，将工作转交给其他人做，或者将工作暂时搁置。

（3）情况变化致使授权工作没有必要再进行下去。比如管理者授权下属设计一个软件程序，但是在下属还没有完成工作时已经有更好的同类软件出现了，再做下去就没有必要了。

2. 妥善处理撤销授权的善后事宜

如果是因为下属的原因导致授权被撤销，必须追究下属的责任。因为这是下属工作中的一个重大责任，下属必须为自己的过错负责。

如果是管理者的原因，管理者应该主动承担责任，自我检查并且安抚下属，重新给他们安排工作，同时还要稳定组织内的情绪。

如果是客观原因造成撤销授权，则管理者应该主动承担大部分责任，并且重新估量形势，做出决策，安排好下属工作。

3. 消除影响，使损失降至最低

一旦做出了撤销授权的决定，影响肯定是多方面的。管理者有责任使它的影响尽可能减小，使撤销授权造成的损失降到最低。特别是对公司业务进行的授权，如果撤销会严重损害公司形象，破坏公司的信誉，比公司遭受的直接损失更具危害。所以，一旦撤销了授权，管理者必须想办法弥补，恢复信誉，留住客户，不使损失进一步扩大。

4. 运用各种提问了解事后信息

每一次撤销授权都是对管理者的反面教育，管理者应深刻总结其中的教训。管理者应针对不同的撤销原因反省自己，是计划不当还是用人不明，或者对变化的预期不足，都是以后授权中值得借鉴的。

撤销授权是不值得提倡的，所以管理者在面对这个问题时切记慎之又慎。

5. 总结经验教训

撤销授权就意味着授权的彻底失败，但是并不意味着授权工作的全部结束。授权为什么会失败，是授权计划不够完善，还是管理者用人不当，或者是管理者对外部情况预见不明？管理者要针对不同的撤销授权原因深刻反思，做好善后工作。每一次撤销授权，对授权者来说都是一个反面教育案例，管理者要深刻总结经验，吸取教训，作为以后授权的借鉴。

管理者在第一次授权完成后想再一次授权时，可以先经过以下几个过程，如图1所示。

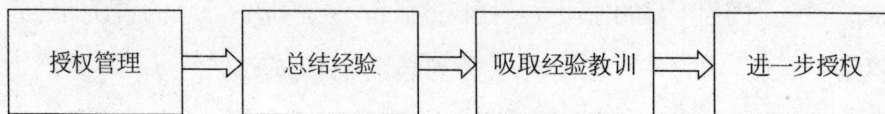

授权管理 ⇒ 总结经验 ⇒ 吸取经验教训 ⇒ 进一步授权

图2　再次授权流程图

七、授权终止后的评估

授权完成以后就会出现一个授权终止的概念，也是授权的最后一环，不管授权的执行效果如何，都必须给予合理的评估，这种评估必须是授权者与受权者共同达成的。评估的结果不是最重要的，关键是通过这种方式，可以就授权的执行作一次总结，以便在下次授权时能够做得更好。

管理者在授权的同时必须先与受权者达成共同的授权评估，把达成的评估的标准订立出来并公之于众，这有利于受权者和管理者双方对工作成果的衡量。在"以人为本"的企业里，考核标准不是由管理者单方面来制定的，而是由参与其中的所有员工共同协助制定的。因此，管理者应具有额外的自由来衡量自己的进度，并修正自己的计划。

授权总是在一定时间内生效的，当任务结束后，管理者要检讨授权是否已达到了预期效果：如果是，应当予以肯定和推广；如果没能达到预期效果，就要进行检讨评估，找到授权中的不足。通常的评估手段有：授权者的自我评估，受权者的状态评估和授权的绩效评估。

1. 授权者的自我评估

当授权者从繁杂的事务中脱离出来，开始考虑一些企业长远发展的问题时，授权就达到了预期的效果。如果授权者因为授权变得更加忙碌，受权者的请示更多，处处都需要"灭火"时，可以肯定地说，该项授权是不成功的，还需要授权者检讨如何进行有效的授权。

2. 受权者的状态评估

如果在授权结束后，受权者干劲倍增，精神饱满，毫无疑问，授权是成功的；如果受权者愁眉不展、满怀懊恼，授权就有可能是不成功的。不过，需要对其中原因进行具体分析，酌情对待。授权不成功的原因可能有以下几点：

（1）受权者能力不足或对授权任务根本无意愿。

（2）受权者成了"被鞭打的快牛"，因为能力出色被连连授以重任，最后不堪负重。

（3）授权不能与绩效、奖惩、晋升等制度有效结合，使受权者心怀不满。

3. 授权的绩效评估

绩效评估主要体现在两个方面，即效率和业绩。二者都上升时，授权是富有成效的；二者都没有明显改观甚至下降时，说明授权出了问题。

在航空公司，一般将机长的角色定位在技术岗位上，而且是一个被管理者。而南航股份海南公司重新定位了机长的角色和职能：每位机长都是一位航班"总经理"，他们不仅对飞行安全负责，还对每个航班的服务和效益负责。这一角色定位的改变，在充分信任和肯定机长地位的同时，也赋予了公司44名机长更多、更重和更大的企业责任感和使命感，并且这一做法也带来了立竿见影的效果。

不久前，该公司一位年轻机长在驾驶2922号飞机执行CZ3433三亚—成都航班任务时，遇到了自动驾驶仪（配平）故障，在这种情况下，机组面临着两种选择：其一，如果认为有把握的话，就继续执行任务，但需要人工操纵飞机。这需要机组人员克服长时间飞行的身体疲劳与夜间飞行困难。其二，可以选择备降海口，但这样公司就会蒙受巨大的经济损失——飞机起降时大量的油料消耗，还有机上143名旅客的吃住费用。机长经过慎重考虑，在确保飞行安全的前提下，凭着高超的飞行技术和对工作、对旅客、对公司高度负责的态度选择了人工操纵飞机，在副驾驶的密切配合下，经过4小时40分钟的飞行，终于安全降落在成都双流国际机场。授权使机长在拥有果断决策权的同时，也肩负了重大的安全、服务、效益等各项责任，可见，授权得当既锻炼培养了一支具有领导才能的机长骨干团队，也为公司赢得了前所未有的绩效。

当然，授权不是万能的灵丹妙药，它往往同企业的绩效评估、薪酬设计和晋升政策紧密相连。其他制度的不配套，将会使授权效果大打折扣。所以，授权必须给以一定的评估，这种评估是以结果和业绩为导向，这也是企业必须要面对的。将授权的评估作为员工个人绩效考核的重要依据之一，是企业授权体系必须要完成的。

授权工具箱 成功授权情景练习

此处列示了你在工作上可能碰到的一些授权问题，请根据前面所阅读内容作答。

1. 你刚接手了一个团队，要在最短时间内建立一个新制度。这个团队组成仅仅几个月，工作没多大进展，似乎是因为他们的目标不明确，也不晓得怎么去达成。

　　你会怎么做？

　　a. 问问团队成员的看法，然后自行决定要怎么做。

　　b. 把目标弄清楚，然后告诉团队成员怎么做。

　　c. 坐下来跟团队成员详谈，帮助他们想出最好的做法。

　　d. 给他们机会自行想出最好的行动方案。

2. 一位有经验的团队成员想出了几个解决问题的好点子，但不确定接下来该怎么做。

　　你会怎么做？

　　a. 自行选出最好的解决方案，然后告诉他怎么做。

　　b. 协助他挑出一个方案，并由他自行决定怎么做。

　　c. 跟他一起讨论那些点子，然后告诉他如何进行。

　　d. 给他时间和空间，自行决定怎么做。

3. 团队一位成员在某个专业领域有重大进展，整个团队必须一起投入此领域。

　　你会怎么做？

　　a. 同意他所做的努力，后续做法由他去摸索。

b. 问问他的意见，但告诉他你希望怎么做。

c. 把你希望怎么做的细节详细地告诉他。

d. 在工作进行中听听他的想法，帮他支援其他团队成员。

4. 你领导一个年轻而有活力的团队，但他们有些工作会逾期才能完成。你会怎么做？

a. 让他们自行解决问题。

b. 告诉他们该做什么及怎么做，然后监督工作的进行。

c. 听听他们要如何如期完成任务，然后从旁协助他们。

d. 跟他们讨论问题，然后告诉他们你希望怎么做。

5. 你交付了几位团队成员一项艰巨的任务。他们有能力但经验不足，虽然想出了几个好主意，却不知道要如何继续下去。

你会怎么做？

a. 听听他们的意见，然后协助他们做出决定。

b. 让他们自行处理。

c. 你做决定，然后再指示他们。

d. 问问他们的意见，但由你做最后的决定。

6. 你升迁了，负责带领一个有经验的团队，他们不需要监督就能做得很好。你会怎么做？

a. 让他们照以前的方式工作。

b. 探究他们的做法，鼓励他们继续做下去。

c. 告诉他们做得不错，然后宣布你想做些改变。

d. 告诉他们你希望他们怎么做。

7. 你看到一位有经验的团队成员工作上遇到了困难，之前他都做得很好。

你会怎么做？

  a. 问问他的想法，但最后由你决定怎么做。

  b. 让他自己想办法。

  c. 支持并鼓励他，但让他自行决定要怎么做。

  d. 你决定该怎么做并告诉他。

8. 你一直在观察一位新的团队成员。这些日子以来，他的经验更丰富且更有自信了，你想好好栽培他。

  你会怎么做？

  a. 夸奖他所做的努力，让他承担更多责任。

  b. 让他自行决定逐日的工作要怎么进行。

  c. 继续密切留意他。

  d. 告诉他未来该怎么做，并鼓励他。

9. 你交待给一位有经验但没干劲的团队成员一件重要工作，由于对这件事经验不足，他对接手这件工作感到为难。

  你会怎么做？

  a. 让他自行处理。

  b. 问问他的看法，如果有需要的话，告诉他该怎么做并协助他。

  c. 指出他的技能很可贵，让他多投入，激励他做得更好。

  d. 当机立断，督促他改进，并密切留意他的进展。

10. 你的团队来了一个新人，他很机灵，但对于你要他例行从事的复杂工作，没有相关经验。

  你会怎么做？

  a. 告诉他得做些什么，以及如何去做。

  b. 问他可能如何处理那些事，再告诉他该怎么做。

  c. 协助他处理那些事。

  d. 让他自己想办法。

11. 你的团队颇具专业性，为了提升日常工作的成效，他们认为有必要改变某些做法。

你会怎么做？

a. 帮助他们想出最好的办法，然后支持他们那么做。

b. 征询他们的意见，但由你做决定。

c. 让他们决定怎么做最有效。

d. 告诉他们该怎么做，然后从旁监督。

12. 你的团队最近加入了一个新成员，他在过去一年里进步颇多，但现在似乎工作干劲降低了。

你会怎么做？

a. 让他自行决定怎么把工作做到最好。

b. 告诉他要做些什么事，征询他的意见，带领着他逐步进行。

c. 协助他度过目前这段低潮。

d. 明白地告诉他该做些什么，然后密切监督。

工作中会遇到各种不同的状况，这个练习将帮助你学习应情况选择正确的授权方式。